Inhalt

Die Verfassung der Deutschen

Willkommen!

Wenn du diese Schrift wohlwollend zur Kenntnis nimmst, bist du bereits ein Teil jener verfassungsgebenden Bewegung, die Deutschland wie ein Phönix aus der Asche neu erschaffen wird, als souveräner Staat in Anerkennung aller Völker, Länder und Sprachen dieser Erde!

Du hältst gerade die vermutlich friedfertigste und freiheitlichste Verfassung der Welt in Händen. Die Verfassung der Deutschen versteht sich als Verfassung aller Deutschen - in Einigkeit und Recht und Freiheit für das deutsche Vaterland! Ihr Kernstück sind die verbindlichen Verfassungsgrundsätze, welche als <<Deutsche Verfassung>> niedergeschrieben wurden! Weitere nicht justiziable Bestandteile der vorliegenden Verfassung sind die Präambel, der <<Masterplan>>, das Vor- und Nachwort des Verfassungskollektivs sowie die dunkelblau gefärbten Kommentare desselben.

Wenn du möchtest, dass diese Verfassung eines Tages Realität wird, kannst du alleine dadurch beitragen, dass du dich mit ihr beschäftigst. Selbst wenn du vielleicht nicht mit allen Reglungen im Detail einverstanden sein magst, ist die <<Deutsche Verfassung>> doch momentan die einzige, die wir haben. Somit verdient sie auch deine Unterstützung, indem du auch andere auf sie aufmerksam machst, sie weiterverteilst und so im Volk populär machst!

Sobald die vorliegende <<Deutsche Verfassung>> von einer kritischen Anzahl von Menschen verstanden und für gut befunden wurde, wird es ein Leichtes sein, sie über Art 146 GG mithilfe einer verfassungsgebenden Versammlung - welche nur aus dem Volk selbst als oberstem Souverän kommen kann - offiziell und rechtswirksam für gültig zu erklären! Sobald Deutschland wieder auf rechtsstaatlichen Füßen steht, werden wir auch global gemeinsam in das kommende goldene Zeitalters des Friedens und Wohlstandes auf diesem unserem Planeten, Mutter Erde, schreiten!

Geschrieben wurde die vorliegende Verfassung - stellvertretend für das deutsche Volk - von einem Verfassungskollektiv aus eben diesem. Jeder von uns könnte Teil davon sein! Wir sind weder „rechts" noch „links", weder „christlich" noch „heidnisch", sondern einfach nur deutsche Patrioten, die ihr Volk lieben und alle Menschen dieser Welt als wundervolle göttliche Wesen anerkennen und respektieren.

Wir stehen für Wahrheit, Freiheit, Gerechtigkeit und Liebe!

Wichtige Hinweise !!!

Die folgende Schrift enthält lediglich hypothetische Überlegungen für den Fall einer legitimen und nach Art. 146 GG legalen Transition Deutschlands hin zu einer neuen Verfassungsordnung!

Die folgende Schrift ruft weder zu Umsturz oder Gewalt auf, noch ist sie dazu geeignet, Menschen zu kriminalisieren, die sich hinter die <<Deutsche Verfassung>> stellen und ihre Einführung fordern!

Die folgende Schrift ist lediglich ein von der Meinungsfreiheit in Art. 5 GG geschütztes Gedankenexperiment! Ihre Verbreitung wird vom Grundgesetz gewährleistet!

Vorwort des Verfassungskollektivs

Germanen

(1) Die Vorfahren der Deutschen sind im Wesentlichen östlich des Rheins angesiedelte Westgermanen, die sich während der Völkerwanderung (Mitte des 4. Jahrhunderts) zu Großstämmen (also Sachsen, Thüringer, Franken, Alemannen und Baiern) formierten.

(2) Nach der Auswanderung der Angelsachsen (ab dem 5. Jahrhundert) bildeten die festländischen Sachsen mit den von ihnen unterworfenen Teilstämmen ein besonderes Volk für sich, mit eigenen staatlichen Einrichtungen.

(3) Durch die Eroberung der Alemannischen, Baiuwarischen, Rheinfränkischen und Thüringischen Gebiete vereinigten die salischen Franken diese Großstämme in einem politischen Gebilde. Die Alemannen wurden zum Teil 496, endgültig 536 unterworfen, die Thüringer 531, die Baiern 536. Die Friesen und die Sachsen blieben dagegen vorerst weitgehend unabhängig und standen den Engländern lange näher als den salischen Franken.

Kelten

(4) Im heutigen West-, Mittel- und Süddeutschland lebten vor der germanischen Landnahme um die Zeitenwende vor allem Kelten. Diese wurden in den Gebieten bis zu den Grenzen des Römischen Reiches offenbar relativ schnell von den Germanen assimiliert oder ersetzt.

(5) Südwestlich des Limes lebten bis in die Spätantike romanisierte Kelten (Gallo-Römer), die aber insbesondere in den Grenzbereichen zusehends mit germanischen Föderaten durchsetzt worden sein dürften.

(6) Nach dem Untergang des Weströmischen Reiches (476) nahm der größte Teil dieser Gallo-Romanen offenbar relativ bald die germanischen Sprachen an, obwohl einige romanische Sprachinseln, wie etwa das Moselromanische, auf dem Gebiet der (ehemaligen) Bundesrepublik in Deutschland bis ins hohe Mittelalter überdauerten.

(7) Kelten beziehungsweise Galloromanen trugen insbesondere zur Entstehung der Alemannen und auch der Bajuwaren bei.

<u>Slawen</u>

(8) Ab dem späten 6. Und 7. Jahrhundert wanderten in den östlichen Gebieten des früheren und heutigen Deutschlands zunehmend Slawen in die von den Germanen während der Völkerwanderung weitgehend geräumten Gebiete ein, welche in etwa identisch mit den neuen Bundesländern der BRiD östlich der Linie Elbe–Saale, dem östlichen Holstein, dem niedersächsischen Wendland und Teilen Oberfrankens sowie dem östlichen Österreich waren.

(9) Im Zuge der hochmittelalterlichen Siedlungsbewegung nach Osten gingen große Teile der eingewanderten Westslawen in der deutschsprachigen Bevölkerung auf. Sie assimilierten sich und wurden somit neben den Kelten und Germanen ebenfalls zu einer wichtigen Vorfahrengruppe der Deutschen.

(10) In ihren Ursprüngen waren die Deutschen stolze Heiden.

<u>Merowinger</u>

(11) Seit der Merowingerzeit (5. Jahrhundert bis Mitte 8. Jahrhundert) standen die Sachsen immer wieder in loser Abhängigkeit zum Frankenreich, was sich aber in der Regel auf Tributzahlungen und das Stellen von Truppen beschränkt haben dürfte.

(12) Erst die politische und religiöse Zwangseingliederung der Sachsen in das Fränkische Reich Karls des Großen führte sie seit 797 dem späteren deutschen Staatsverband zu. Man kann diese Tatsache mit gemischten Gefühlen betrachten.

(13) Der Ursprung Deutschlands beruht letztendlich auf dem systematischen Eroberungswillen und den organisatorischen Fähigkeiten der Merowingerkönige und Karls des Großen sowie auf der Auseinanderentwicklung des Ostfränkischen und Westfränkischen Reiches.

<u>Der Begriff „deutsch"</u>

(14) Das Wort „deutsch" auch *„thiusk"*, *„tiudisc"* oder *„theodisk"* bedeutete ursprünglich so viel wie „zum Volk gehörig" oder „die Sprache des Volkes sprechend".

(15) Erster Beleg für den Begriff ist eine Stelle aus der gotischen Bibelübersetzung des Wulfila um 360. Er bezeichnet die Nichtjuden und heidnischen Völker mit dem Adjektiv *„thiudisko"*.

(16) Das Adjektiv wurde seit spätkarolingischer Zeit (nach Karl dem Großen) zur Bezeichnung der nicht romanisch-sprechenden Bevölkerung des Frankenreichs aber auch der Angelsachsen benutzt; sprich der Germanen, welche das Volk waren. Der Begriff entstand in Abgrenzung zum Latein der Priester wie auch zum *„walhisk"*, der Bezeichnung für die Romanen, aus der das Wort „Welsche" entstanden ist.

(17) Erst seit dem 10. Jahrhundert bürgerte sich die Anwendung des Wortes *„tiudisc/diutisc"* auf die Bewohner des Ostfrankenreichs ein, von dem heute der flächenmäßig größte Anteil zu Deutschland gehört.

(18) Der Begriff „deutsch", als Selbstbezeichnung für die germanisch sprechenden Bewohner im alten Deutschen Reich taucht dagegen erst im hohen Mittelalter auf.

(19) Noch länger dauerte es, bis die an der deutschen Nordseeküste lebende Friesen bereit waren, sich auch als Deutsche zu sehen. So war noch 1463 von „freschen boden oder grunt" im Gegensatz zu „duitschen grunt" die Rede.

<u>Deutsche als ethnisch-kulturelle Einheit</u>

(20) Im Heiligen Römischen Reich, das seit etwa 1550 den Zusatz „Deutscher Nation" trug, bildeten sich unterhalb des Kaisertums zunehmend selbstständige Territorien heraus, deren Untertanen dabei auch eine entsprechende, auf den Kleinstaat bezogene Identität entwickelten, welche nachhaltig die Entstehung der heutigen deutschen Regionen beeinflussten.

(21) Da Deutschland kein Zentralstaat wie England, die Niederlande oder Frankreich war, erfolgte auch die Ausbildung einer deutschen Nation mit Verzögerung und im bedeutenden Maße erst durch die Auseinandersetzung mit dem französischen Kaiserreich unter Napoleon Bonaparte (1769 bis 1821).

(22) Die Vorstellung einer ethnisch-kulturellen Einheit der Deutschen ist etwa ab Beginn des 19. Jahrhunderts, seit den Freiheitskriegen gegen die napoleonische Herrschaft, die wichtigste Grundlage deutscher Nationskonzepte. Da kein deutscher Nationalstaat existierte, konstituierte sich das Konzept der Volksgemeinschaft nicht über einen Staat, sondern über Vorstellungen kultureller (insbesondere auch sprachlicher) Identität und gemeinsamer Abstammung.

(23) Die deutsche Kultur erfuhr auch von Zuwanderern wichtige Anregungen, genannt seien hier die Hugenotten. Auch die jüdische Minderheit hatte entscheidenden Anteil am deutschen Geistesleben.

(24) Deutsche und Germanen waren seit jeher gastfreundschaftlich und integrierten all jene, die sich unter ihnen zu Hause fühlten und sich ihre Sitten zu eigen machten! Dies gilt und galt unabhängig von deren Herkunft, Religion oder Äußerem!

(25) Das Reden von ethnischen Deutschen hatte seit den Anfängen der Judenemanzipation dennoch oft eine antisemitische (hier: anti-jüdische) Tendenz. Obwohl viele deutsche Juden sich einer deutschen Kulturnation zugehörig fühlten und deutsche Staatsbürger waren, etablierte sich ein Verständnis einer deutschen Nation unter Ausschluss der Juden.

(26) Die deutsche Nationalbewegung scheiterte zunächst nach der Märzrevolution von 1848.

(27) Erst 1871 wurde mit der Reichsgründung der erste einheitliche deutsche Nationalstaat begründet. Seine Einwohner wurden entsprechend als „Reichsdeutsche" bezeichnet.

(28) Andere Deutsche hatten ihre Siedlungsgebiete in Vielvölkerstaaten und nannten sich beispielsweise Banater Schwaben oder Sudetendeutsche usw. Für sie wurde hauptsächlich im Zusammenhang mit dem Nationalsozialismus der Sammelbegriff „Volksdeutsche" verwendet.

(29) Parallel und teilweise mit dem ethnisch-kulturellen Konzept verwoben bildete sich ab dem Beginn des 19. Jahrhunderts ein völkisches Verständnis des Deutschtums heraus. Aufbauend auf den Schriften von Novalis entwickelte Friedrich Schlegel um 1801 die Idee einer „wahren Nation", welche ein familienähnliches Netzwerk bildet und so auf gemeinsamen Blutlinien, also einer gemeinsamen Abstammung, aller Nationsmitglieder beruht.

(30) Das Verfassungskollektiv unterstützt grundsätzlich diesen Gedanken Schlegels, da das Entstehen von unterschiedlicher Völker und Nationen in der Natur angelegt zu sein scheint und sich sofern als „richtig" darstellt. Zugleich weiß es aber auch, wie „wichtig" frisches Blut für die Resilienz dieser Völker ist.

(31) Daher erscheint es „wichtig und richtig", auch immer wieder anderen ausgewählten Zuwanderern die Möglichkeit zur Deutschwerdung einzuräumen, wie es nachweislich unserer Vorfahren von alters her taten! Es ist dabei nicht notwendig, seine Herkunft zu verleugnen, sondern ganz im Gegenteil Brücken zu schlagen! Nach Meinung des Verfassungskollektivs bereichern Neuankömmlinge und Mischlinge unserer Kultur, wenn sich diese Zuwanderung und Vermischung auf geordneten und von beiden Seiten gewollten, familiären Bahnen bewegt!

<u>Afro-Deutsche</u>

(32) Das Deutsche Kaiserreich erwarb ab 1884 in Afrika die vier Kolonien Deutsch-Südwestafrika (heute Namibia), Kamerun, Togo und Deutsch-Ostafrika (heute Tansania, Burundi und Ruanda). Infolge der dadurch entstehenden Beziehungen gelangte erstmals seit der Antike eine größere Anzahl dunkelhäutiger Menschen nach Deutschland.

(33) Die meisten in Deutschland lebenden sogenannten Afro-Deutsche gehen bis heute auf diese besonderen Umstände zurück. Hinzu kommen zahlreiche Nachfahren dunkelhäutiger GIs in der Besatzungszeit nach dem zweiten Weltkrieg.

<u>Faktischer Untergang des deutschen Kaiserreichs</u>

(34) Mit dem bewusst durch geheimdienstliche Tätigkeiten inszenierten Attentat von Sarajevo 2014 auf den österreichisch-ungarischen Thronfolger wurde der erste Weltkrieg vom Zaun gebrochen.

(35) Auch wenn das deutsche Kaiserreich 1918 mit der Kapitulation der deutschen Wehrmacht faktisch zum Erliegen kam, wird es juristisch doch erst mit der Annahme der <<Deutschen Verfassung>> durch das das gesamte deutsche Volk erlöschen - auch dann, wenn ein neuer deutscher Kaisers ernannt wird.

<u>Die Weimarer Republik (1918-1933)</u>

(36) Am Ende des ersten Weltkrieges lag Deutschland darnieder. Die Ausrufung einer Räterepublik durch Karl Liebknecht am 9.11.1918 blieb ohne größere Folgen, da seine Ideen nicht über genügend Rückhalt im Volk verfügten. Die Errichtung der Münchner Räterepublik im April 1919 wurde nach etwa einem Monat blutig niedergeschlagen.

(37) Mit dem Versailler Schulddiktat wurde der Weimarer Republik zudem eine Last aufgezwungen, die unmöglich zu tragen war, so dass sie letzten Endes dem Faschismus anheimfiel.

(38) Die einfachste Lehre aus der Weimarer Republik für eine deutsche Verfassung ist, dass ein Staat nach außen hin wehrhaft und nach innen handlungsfähig bleiben muss! Ein Liberalismus ohne die Fähigkeit zur Verteidigung eigener Werte kann sich nicht durchsetzen.

<u>Das dritte Reich (1933-1945)</u>

(39) Das sogenannte dritte Reich war letzten Endes ein vom Größenwahn gezeichnetes faschistisches Regime, welches maßgeblich durch Churchill und die Alliierten in den zweiten Weltkrieg verwickelt wurde.

(40) Die einfachste aus dem dritten Reich für eine deutsche Verfassung ist, dass sich ein Staat niemals über andere stellen darf, sondern im Frieden mit diesen zu existieren hat. Faschismus ist des Menschen Tod.

(41) Als Reaktion auf die Geschehnisse im sogenannten dritten Reich wird spätestens seit Ende des Zweiten Weltkrieges unter in Deutschland lebenden Juden die Frage erörtert, ob sie jüdische Deutsche oder nicht eher Juden in Deutschland seien. Israel seinerseits wirbt mit der Abwerbung europäischer Juden.

(42) Nach Erachten des Verfassungskollektivs sollte der maßgebliche Beitrag unserer jüdischen Mitbürger zur deutschen Kultur nie vergessen werden! Diese ist ausdrücklich nicht ans Christentum gebunden, sondern reicht weit darüber hinaus.

<u>Die Deutsche Demokratische Republik (1949 - 1990)</u>

(43) Die DDR war der fehlgeschlagene Versuch, langfristig einen kommunistischen oder doch zumindest real existierenden sozialistischen Staat zu erschaffen!

(44) Die einfachste Lehre aus der DDR für eine deutsche Verfassung ist, dass ein Staat den Menschen immer auch persönliche Anreize (intrinsische Motivation) zu bieten hat, damit diese das Bestmögliche für sich im Interesse aller aus sich herauszuholen. Ein Kommunismus, der immer nur an das Wohl der Gemeinschaft denkt, nie aber an das individuelle Wohl des Einzelnen, zehrt sich selbst auf.

<u>Die Bundesrepublik Deutschland (1949 - 2020)</u>

(45) Die BRD, richtigerweise Bundesrepublik in Deutschland (= BRiD), war ein vom deutschen Schuldkult und späterhin dann von der internationalen Coronareligion geprägtes, privatrechtlich organisiertes, pseudostaatliches Konstrukt.

(46) Sie setze sich im Dienste der NWO eigenmächtig über ihre - gemäß der Haager Landkriegsordnung (HLKO) im Zusammenhang mit Art. 133 GG - eigentliche Bestimmung hinweg, das „Vereinigte Wirtschaftsgebiet" (hier: Deutschland) lediglich zu verwalten.

(47) So wurden von der BRiD zunächst nicht nur pseudostaatliche Behörden eingeführt, sondern späterhin gänzlich der Weg der Rechtsstaatlichkeit und Demokratie verlassen. Alle menschlichen Grundrechte wurden kontinuierlich ausgehöhlt und in der Praxis teilweise gänzlich aufgehoben.

(48) Die einfachste Lehre aus der BRiD für eine deutsche Verfassung ist, dass ein Staat zu allererst seine eigenen Bürger Wert zu schätzen und ihnen zu dienen hat, möchte er vor der Geschichte bestehen. Eine aufgezwungene Globalisierung von oben ist und bleibt der falsche Ansatz für friedliches Gedeihen und Miteinander.

<u>Deutschsein</u>

(49) Im Zuge einer <<Deutschen Verfassung>> wird man sich auch die Fragen nach der Staatsangehörigkeit, Nationalität und Einbürgerung neu stellen müssen.

(50) Es scheint eine grundlegende Einigkeit im deutschen Volk zu bestehen, dass es zwar einen natürlichen Unterschied zwischen Bio-Deutschen und bloßen Assimilationsdeutschen gibt, der aber in einer gemeinsamen deutschen Verfassung nicht zum Tragen kommen darf.

(51) Dennoch können nicht alle hier lebenden Menschen mit einem ehemals bundesrepublikanischem „Personalausweis" als Bio- oder Assimilationsdeutsche gelten, da es auch viele Personal-Deutsche gibt, die weder als Bio- noch als Assimilationsdeutsche zu bezeichnen sind.

(52) Die entscheidende Frage lautet daher: Wann gilt ein Zuwanderer als wirklich im deutschen Volk assimiliert, um als Deutscher angesehen zu werden? Welche Merkmale müssen erfüllt sein?

(53) Einigkeit besteht sicherlich hinsichtlich des Erwerbs der deutschen Sprache, wenn auch das entsprechende Niveau schon wieder strittig ist.

(54) Andere Merkmale könnten die grundlegende Wertschätzung deutscher Kultur und Lebensweise, die Religion, die Hautfarbe und hinsichtlich von Einbürgerung auch der Bildungsstand, die berufliche Eignung oder auch das polizeiliche Führungszeugnis sein.

(55) Auch Anhänger der Assimilationshypothese haben oftmals Probleme damit, in Muslimen „ethnisch-kulturelle" oder „assimilierte" Deutsche zu sehen. Für andere stellt eine abweichende Hautfarbe ein entscheidendes Kriterium dar, um nicht als „Deutscher" betrachtet werden zu können.

(56) Das Verfassungskollektiv vertritt die Ansicht, dass den Bio-Deutschen (mit deutschen Vorfahren) die Assimilations-Deutschen als <<Deutsche>> gleich zu stellen sind. Für nicht assimilierte Personal-Deutsche können Übergangslösungen wie nicht unbefristete Aufenthaltserlaubnisse geschaffen werden. Zugleich wird die wichtige Frage zu beantworten sein, wann ein Personal-Deutscher bereits als Assimilations-Deutscher gilt bzw. eher als „volksfremd" wahrgenommen und verstanden wird! Aus den benannten Schwierigkeiten spricht sich das Verfassungskollektiv dafür aus, diese Frage an die autonomen deutschen Regionen (<<Bundesländer>>) zurückzugeben und notfalls Einzelprüfungen stattfinden zu lassen.

Die heutigen deutschen Stämme und Völker

(57) Auch wenn vom sogenannten dritten Reich bis heute alles dafür getan wurde, die deutschen Stämme und Völker gleichzuschalten, so kam ihnen in der ehemaligen BRiD in Form der <Bundesländer>> doch noch immer eine gewisse Bedeutung zu. Mit dem Untergang der BRiD und Einführung einer neuen deutschen Verfassung muss nunmehr jede Region ihre eigene Stammes- und/oder Volkszugehörigkeit erneut definieren und gestalten.

(58) Die heutigen deutschen Stämme und Völker sind bereits gemischter ethnischer und religiöser Herkunft und werden sich wie ein Phönix durch eine Vermischung der alteingesessenen Biodeutschen und Assimilationsdeutschen mit den integrierten Zuwanderern erneuern. Das global steigende Bewusstsein wird ebenfalls zu einer vitalen neuen Volksbildung in deutschen Landen beitragen.

(59) Natürlich bedarf es immer Anstrengungen von beiden Seiten. Der Neuling integriert sich und die Alteingesessenen werden ihn mit der Annahme einer offiziellen Stammes- und/oder Staatszugehörigkeit nach entsprechenden Zeremonien als ihresgleichen akzeptieren müssen. Täten sie das nicht, würde die Durchführung einer Zeremonie wie der Einbürgerung keinerlei Sinn machen.

(60) Grundsätzlich gilt, dass wer Deutschland im Herzen trägt, rechtschaffen ist, die deutsche Sprache erlernt und unsere Kultur respektiert hier auch willkommen sein sollte! Wer zudem hier lebt und seinen eigenen Unterhalt erwirtschaftet, sollte auch als Deutscher gelten dürfen!

<u>Zuwanderung</u>

(61) Seit der illegalen Grenzöffnung der ehemaligen Bundeskanzlerin Merkel der BRiD kam es leider des Öfteren zu teils ethnisch motivierten Zwischenfällen wie beispielsweise in der Silvesternacht von Köln 2015/16, der Sommersonnwende 2020 in Stuttgart oder kurz darauf in Frankfurt am Main.

(62) Wer von den Zuwanderern also glaubt, deutsche Frauen ohne Respekt und als Freiwild betrachten zu dürfen, während seinerseits mit Argusaugen darüber gewacht wird, das die Frauen und Mädchen der eigenen Familie ja nicht mit biodeutschen Männern zusammenkommen, ist hier ebenso falsch am Platz wie Ausländer - ob mit oder ohne „Personalausweise" -, die glauben, in Deutschland ungehindert Straftaten begehen zu können. Das deutsche Hausrecht muss deutsch bleiben! Massiv straffällig werdende Ausländer sind sofort abzuschieben!

<u>Flüchtlinge</u>

(63) Die Deutschen haben unter anderem die Zuwanderung von Hugenotten (ab 1685), Polen (gegen Ende des 19ten Jahrhunderts) und Sudetendeutschen (mit Ende des zweiten Weltkriegs) in großem Ausmaß bewältigt und es gibt viele weitere Bevölkerungsgruppen, die so gut integriert werden konnten, dass man von ihnen bereits als Biodeutschen sprechen kann.

(64) Ihre Integration gelang, weil auch sie sich integrieren wollten. Dennoch spricht sich das Verfassungskollektiv an dieser Stelle zugleich deutlich für die Sicherung der deutschen Außengrenzen und gegen eine weitere ungehemmte Zuwanderung aus.

(65) Illegal nach Deutschland Eingewanderte (insbesondere nach Merkels grundgesetzeswidrigen Grenzöffnung 2015) müssen daher allesamt wieder ausreisen, sobald es die Sicherheitssituation in ihren Herkunftsregionen zulässt. Respektvolle Übergangslösungen können gefunden werden.

(66) Wer wirklich Hilfe braucht, dem soll natürlich nach wie vor geholfen werden, doch muss das nicht auf deutschem Grund und Boden geschehen. Unterstützung vor Ort in den eigenen Herkunftsgebieten und Kulturkreisen war schon immer die bessere Variante.

(67) Das Verfassungskollektiv spricht sich ferner dafür aus, das soziale Auge wieder vermehrt auf die Not im eigenen Volk zu richten. Sollten wir nicht zuerst die eigenen massiven sozialen Probleme bewältigen, bevor wir weitere oftmals unserer Kultur fremde Menschen in das Land unserer Ahnen lassen?

(68) Ein Kriterium, wie viel Zu- und auch Abwanderung einem Volk gut tut, ist soziologisch immer auch an die Fragen von Kriminalität und Bildung geknüpft!

(69) Steigt die ganzheitliche, nationale Bildung von Generation zu Generation, findet ausreichend, aber nicht zu viel Zuwanderung statt. Fällt der Bildungsstand aber von Jahr zu Jahr kontinuierlich ab, findet meistens zu viel Zuwanderung statt, da der notwendige Spracherwerb den Bildungsanstieg verlangsamt. Momentan ist zweites der Fall.

(70) Das Gegenteil gilt für die Kriminalitätsrate: Fällt diese, so findet ausreichend Zuwanderung statt; steigt sie hingegen, so ist von überhöhter Zuwanderung auszugehen, da zuwanderungstypische Delikte begangen werden. Entsprechende Statistiken müssen natürlich unverfälscht bleiben. Jeweils weitere Faktoren sind zu berücksichtigen!

<u>Die deutsche Nation</u>

(71) Als <<Nation>> wird im Allgemeinen eine „Lebensgemeinschaft von Menschen mit dem Bewusstsein gleicher politisch-kultureller Vergangenheit und dem Willen zum Staat" definiert.

(72) In der <<Deutschen Verfassung>> sprechen wir von allen deutschen Muttersprachlern als einer Nation, die sich primär aus Deutschen, Österreichern und Schweizerdeutschen zusammensetzt.

(73) In diesem Sinne spricht die <<Deutsche Verfassung>> auch von den „deutschen Völkern" in Abgrenzung zu den „deutschen Stämmen", welche den bundesdeutschen Regionen entsprechen.

(74) Um diese gesamte deutschsprachige Nation vom bloßen deutschen Staatsgebiet zu unterscheiden, könnten wir ihn auch „germanischen Großraum" oder „Großraum Germanien" nennen, wobei hier die Anleihe *german* wiederum einfach nur „deutschsprachig" bedeuten würde.

(75) Der „germanische Großraum" unserer Überlegungen beninhaltet somit ausdrücklich nicht andere in ihrem Ursprung ebenfalls germanische Völker und/oder Staaten, wie sie sich in Skandinavien, Großbritannien oder dem Benelux finden lassen.

(76) Zusammenfassung: Deutsch bedeutet so viel wie „die Sprache des Volkes sprechend". Das Volk selbst sind hierbei die germanischen Bewohner des östlichen Frankenreichs, also die heutigen Deutschen, Österreicher und Deutschschweizer. Darüber hinaus sind die deutsch-, holländisch-, isländisch-, norwegisch-, schwedisch- oder dänisch- oder auch englischsprachigen Völker noch immer Germanen, welche so gesehen nie ausstarben, sondern sich lediglich weiter entwickelten.

(77) Als deutschsprachige Germanen sind wir bestrebt, mit allen uns umgebenden Völkern, Nationen und Staaten weltweit - in gegenseitigem Respekt und Frieden zu leben.

<u>**Präambel**</u>

(1) Das gesamte globale Herrschaftssystem einer Re-gier-ung und Regulierung („Begradigung") in Pyramidenform - von oben nach unten -, hat nicht funktioniert. Die Kabale nannte es die Neue Weltordnung (NWO). Die Ausbeutung natürlicher Ressourcen, verheerende Umweltkatastrophen, Weltkriege, dysfunktionale Staaten, regionale Konflikte, Terrorismus, Epidemien, systematische Pädophilie und Vergewaltigungen, Mangel, Armut, Hunger und Krankheit, globale Ungerechtigkeit, Kriminalität und Unterdrückung, Manipulation und die weltweite Versklavung freier Menschen waren einige der Folgen.

(2) Alle wahren Werte waren auf den Kopf gestellt und wurden in ihr genaues Gegenteil verdreht. Aus dieser Welt kommen wir! Wir lassen sie gerade eben erst hinter uns! Dies sollten wir bei aller Kritik an kommenden Verhältnissen in der notwendigen Übergangs- und Transitionszeit nie vergessen.

(3) Insbesondere die sogenannten „parlamentarischen Demokratien" mit ihren Parteiensystemen haben weltweit versagt und Mutter Erde mit ihren Völkern in die vielleicht größte Krise gestürzt, die wir als Menschheit je durchleben mussten. Unsere Menschenwürde wurde mit Füßen getreten. Alle unsere natürlichen Freiheits- und Menschenrechte wurden von jenen unterhöhlt und aufgehoben, die zu schützen sie vorgaben! Doch nach und nach flog der Schwindel auf! Jetzt gilt es sich selbst wieder aufzurichten, Deutschland zu erneuern und kollektiv wieder andere Wege zu beschreiten, um die Menschheit erneut ins Licht der Erleuchtung zu führen und so zugleich eines Tages unsere Aufnahme in die intergalaktische Föderation zu ermöglichen. Jeder an seinem Platz!

(4) Demütig hat sich daher das Verfassungskollektiv zur Aufgabe gemacht, für die noch immer überlebenden deutschen Stämme und Völker eine Verfassung für das neue goldene Zeitalter, zu schreiben, jene Welt die nach dem Zusammenbruch des globalen Herrschaftssystems der NWO entstehen wird.

(5) Die gesamte <<Deutsche Verfassung>> ist immer am Wohle des Einzelnen, seines Volkes sowie der gesamten Menschheit und Schöpfung interessiert. Bei ihrem Entstehen mussten u.a. folgende fünf Grundsatzfragen beantwortet werden:

1. Brauchen wir überhaupt einen Staat?
2. Wie können unsere natürlichen Freiheits- und Menschenrechte bewahrt werden?
3. Brauchen wir eine Regierung?
4. Brauchen wir einen Kaiser?
5. Welche Ausrichtung soll die <<Deutsche Verfassung>> bekommen?

Zu (1.) Brauchen wir überhaupt einen Staat?

Das Verfassungskollektiv denkt: „Ja!" Wie die Partnerschaft, die Familie, die Gemeinde, der Landkreis (Provinz) und das Bundesland (Region) stellt auch der Nationalstaat eine natürliche Größe menschlicher Identität und Ordnung dar. Oberhalb des Nationalstaates existieren sodann noch der Kulturkreis, der Globus, das irdische Sonnensystem, unsere Galaxie sowie das gesamte Universum.

Dennoch ist das Verfassungskollektiv der Ansicht, dass niemand in eine bestimmte Verfassungsordnung hinein gezwungen werden darf. Jeder Deutsche sollte daher das Recht haben, bis zu seinem 14ten Lebensjahr von allen staatlichen Vorzügen wie Bildungs-, Gesundheits- und Sozialwesen kostenfrei in Deutschland profitieren zu dürfen, muss sich sodann aber aus freien Stücken entscheiden, ob er - mit Annahme der <<Deutschen Verfassung>> - seinem Bundesland und damit der Republik Freies Deutschland als Staatsbürger angehören möchte oder nicht.

Kommentar des Verfassungskollektivs: Es gilt UCC 1-308 Without prejudice. Das bedeutet, dass niemand in einen Vertrag hineingezwungen werden darf, dessen volle Auswirkungen er nicht versteht! Auch in keine Staatsbürgerschaft, welche unmittelbar an die Annahme der <<Deutschen Verfassung>> geknüpft wird!

Sollten sich also Menschen gegen die Staatsbürgerschaft ihres Bundeslandes und somit die gesamtdeutsche entscheiden, obwohl sie ein Anrecht hierauf hätten, verbleiben ihnen noch immer ihre Menschenrechte wie das Recht auf freie Benutzung aller Straßen sowie auf nach dem Recht für Nomaden geduldete Fortbewegung auf dem gesamten Erdenrund. Sie gelten fortan als „staatenlos" hätten aber, sofern sie Bio- oder Assimilationsdeutsche sind, Anspruch auf unbefristete Duldung im Staatsgebiet der Republik Freies Deutschland. Darüber hinaus würden sie aber von allen Verfassungsvorzügen und staatlichen Leistungen ausgeschlossen. Eine konkurrierende deutsche Staatsbürgerschaft bleibt indessen verfassungsgemäß ausgeschlossen, da es nur ein Deutschland gibt.

Zu (2.) Wie können unsere natürlichen Freiheits- und Menschenrechte bewahrt werden?

Diese Rechte stehen den Menschen zu, um sich gegen staatliche Gewalt zu verteidigen und nicht – wie man in dem jetzt endenden eisernen Zeitalter („Babylon") oftmals fälschlicherweise annahm und lehrte – um durch die Staaten gewährleistet zu werden, so als sei der Staat unser aller Beschützer. Das aber war nicht der Fall! Der vermeintliche Beschützer offenbarte sich immer mehr als Unterdrücker menschlicher Freiheiten.

In den jetzt vermutlich weltweit entstehenden Räterepubliken und Basisdemokratien wird sich dies hoffentlich - mindestens für die nächsten tausend Jahre - ändern: Der Mensch, als Teil seiner Nation, erfährt wieder umfänglichen Schutz und Gewährleistung seiner Grundrechte durch eben diese!

Die entscheidende Frage ist und bleibt dennoch nach wie vor: Wer schützt uns vor dem Staat und seinen Übergriffen? Grundsätzliche Basisdemokratie mit ihren weitestgehenden Konsens-entscheidungen - ebenso wie funktionierende Familienlandsitzsiedlungen - könnten ein Weg sein, eine freie Gesellschaft von unten gegen den weiterhin vom Verfassungskollektiv als notwendig für die öffentliche Ordnung erachteten Nationalstaat als Machtinstanz von oben zu schützen. Das Volk darf und soll in der Republik Freies Deutschland wieder zum eigentlichen und unmittelbaren Souverän werden! Zumindest solange, bis sich das globale steigende menschliche Bewusstsein auf einem Maß eingependelt hat, auf welchem keinerlei Staatlichkeit mehr benötigt wird!

Zu (3.) Brauchen wir eine Regierung?

Nein! Das Verfassungskollektiv ist der Meinung, dass eine solche nicht notwendig ist, da Macht erfahrungsgemäß immer nur korrumpiert. Ein souveränes Volk benötigt keine Regierung, sondern ist in der Lage alle seine Angelegenheiten und Obliegenheiten selbstständig mithilfe seiner Räte zu lösen!

Natürlich werden auch in basisdemokratischen Staaten Fehler zu begehen sein, doch wird man sie erstens schneller beheben können und zweitens werden sie in ihren negativen Auswirkungen wesentlich geringer sein, als alles was den Deutschen in den letzten Jahrzehnten vom sogenannten dritten Reich oder seinen beiden Nachfolgekonstrukten der DDR sowie der BRiD vorgesetzt wurde.

Kommentar des Verfassungskollektivs: Das basisdemokratische Rätesystem entsprich dem altgermanischen Thingwesen und ist in unserer deutschen Volksseele somit bereits fest verankert. Oder mit anderen Worten: Die in Räten organisierte Schwarmintelligenz aller Deutschen wird schon bald zu wesentlich besseren Ergebnissen gelangen, als jegliche parlamentarische Fremdbestimmung dies je vermocht hätte!

Zu (4.) Brauchen wir einen Kaiser?

Nein, aber wir benötigen einen offiziellen Repräsentanten, um internationale Verträge abschließen zu können. Zudem ermöglicht die Einsetzung und Ernennung eines Kaisers schnelle Entschlüsse („Dekrete") auf nationaler Ebene, die danach in freier Volksabstimmung und/oder basisdemokratischer Entscheidungsfindung der Räte immer noch korrigiert werden können.

Zu (5.) Welche Ausrichtung soll die <<Deutsche Verfassung>> bekommen?

Neben der Berücksichtigung der vier einfachen Lehren aus unserer jüngeren Geschichte, wie sie in (38), (40), (44) und (48) des <<Vorwortes>> bereits genannt wurden, legt die <<Deutsche Verfassung>> insbesondere Nachdruck auf menschliche Freiheiten und Grundrechte (I. DV), auf staatliche Souveränität (II. DV), auf wahre Demokratie in Form basisdemokratischer Entscheidungs-findungsprozesse und Volksentscheide (III. DV)) sowie auf die den (hoheitlichen) politischen Entscheidungsträgern durch direkte Volkswahl an die Seite gestellten „Goden" oder „Guten" (IV. DV). Dies sind sogenannte „Volksweise" in beratender Funktion.

Eine gesamtgesellschaftliche Rückkehr zur Wahrheit (spätestens seit 1945 systematisch unterdrückt), zur Rechtsstaatlichkeit (spätestens im September 1915 mit der illegalen Grenzöffnung ausgehebelt) sowie zu einer garantierten, freien Meinungsäußerung (allerspätestens 2020 durch den Corona-Maulkorb aufgehoben) sollen hierdurch langfristig gewährleistet werden!

In den Kapiteln V. und VI. werden von der <<Deutschen Verfassung>> sodann noch einige Richtlinien und Aufträge zu den verschiedensten reglungsrelevanten Themen mitgegeben. Diese betreffen u.a. das Finanzwesen, das Steuer- und Wirtschaftssystem, regionale Landreformen, die Energie- und Verkehrspolitik, den Umweltschutz und die Klimapolitik, das Gesundheits- und Bildungswesen, die Rechtsordnung, die Religionspolitik, die Medienlandschaft sowie die deutsche Außenpolitik.

Hierbei war es dem Verfassungskollektiv wichtig, dass insbesondere folgende <<sieben natürlichen Ausrichtungen>> zum Tragen kamen, welche von der BRiD geradezu in ihr Gegenteil verkehrt wurden:

1. patriotische Ausrichtung

Patrioten sind Menschen, die ihr eigenes Land, ihr Volk und ihre Sprache lieben. Nur wer das Eigene versteht und liebt ist auch in der Lage, Fremdes in Liebe an- und aufzunehmen. Die ersterbende BRiD erkrankte an dieser Selbstliebe, wollte die Menschen aber dazu verpflichten, das Fremde mehr als das Eigene zu lieben. Das war nicht möglich. Daran scheiterte sie letztlich.

Die Republik Freies Deutschland hingegen bekennt sich zum deutschen Volk und seiner gesamten Geschichte (mit all ihren Schatten) ebenso wie zur deutschen Sprache, deutscher Kultur und Wirtschaft. Anderes ist im metaphysischen Sinn weder besser noch schlechter als das Eigene; es ist einfach nur anders. Dies gilt es anzuerkennen, um fortan jeglichen Faschismus zu vermeiden, wie er zuletzt auch von der BRiD im Gewand der Globalisierung massiv betrieben wurde.

Kommentar des Verfassungskollektivs: Somit darf auch endlich Schluss sein mit der im eigenen Land noch immer gesellschaftsfähigen und weit verbreiteten Deutschenfeindlichkeit: Wir haben es bei den Deutschen mit einem der friedfertigsten, fleißigsten und innovativsten Völker weltweit zu tun! Es ist unser Recht, stolz auf unsere Nation, auf unsere jahrtausendealte Geschichte, Sprache und Kultur zu sein! Nicht nur irgendwelchen Antisemitismus (wie er von der BRiD in Aufrechterhaltung des deutschen Schuldkultes immer wieder geradezu herbeibeschworen wurde) gilt es zu überwinden, sondern ganz konkret zunächst einmal auch den weit verbreiteten Antigermanismus der eigenen Landsleute!

2. eurasische Ausrichtung

Deutschland ist ein zentraler Teil Europas und mit diesem Teil eines noch größeren Eurasiens, welches Russland als natürlichen Bündnispartner einschließt. Der Republik Freies Deutschland ist entsprechend an einer besonderen Freundschaft nicht nur mit seinen europäischen Nachbarn sondern auch mit Russland gelegen. Ein befriedetes und freies Eurasien wird so zum Leitbild der deutschen Außenpolitik!

3. nationalpazifistische Ausrichtung

Es gilt aus den Schrecken der beiden Weltkriege zu lernen und diese niemals mehr zu wiederholen. Die Republik Freies Deutschland setzt daher konsequent auf Frieden! Waffenverkäufe ans Ausland sowie militärische Auslandeinsätze deutscher Soldaten werden konsequent verboten!

4. nationalautarke Ausrichtung

Deutschland soll wieder ganz bewusst in die Lage versetzt werden, jederzeit krisensicher alle Gegenstände und Lebensmittel des täglichen Bedarfs selbstständig herzustellen und verteilen zu können. Der nationalen Wirtschaft und Landwirtschaft ist daher im Zweifelsfall immer der Vorzug vor internationalen Konzernen einzuräumen! Die Rückkehr zu einer vom Goldstandard gedeckten Staatsbank ermöglicht darüber hinaus die finanzielle Unabhängigkeit der Republik Freies Deutschland!

5. tiefenökologische Ausrichtung

Deutschland soll tiefenökologisch auch für kommende Generationen umgeformt werden. Hierbei wird insbesondere auf Nachhaltigkeit, Recycling, Permakultur und Familienlandsitze gesetzt. Atomkraft, Gentechnologie und Fracking werden ab sofort als lebensfeindlich verboten! Böden, Wasser und Luft sind rein zu halten!

6. solidarische Ausrichtung

Wenn es auch immer natürliche Unterschiede zwischen den Menschen gibt, so soll es doch allen Deutschen gut ergehen. Ausdruck der solidarischen Ausrichtung der <<Deutschen Verfassung>> sind beispielsweise die Abschaffung der Einkommenssteuer und die Einführung eines bedingungslosen Grundeinkommens. Einer ungerechtfertigt hohen Ungleichverteilung von Einkommen, Eigentum und Macht ist national und international entgegenzuwirken!

7. föderalistische Ausrichtung

Die föderalistische, regionale Kultur Deutschlands wird durch Stärkung und Umwandlung seiner Bundesländer in autonome Regionen mit staatsähnlichen Rechten unterstützt und ausgebaut!

(6) Wir Deutsche und mit uns alle Menschen sind dazu bestimmt, frei, als Schöpfer, und nicht als Sklaven zu leben!

(7) Freiheit, das bedeutet, dass es kein politisch <<rechts>> oder politisch <<links>> mehr gibt, sondern dass jeder Mensch und jedes Volk selbstständig, als Souverän, über die eigenen Belange entscheiden kann! Das Resultat wird weltweiter Frieden sein!

(8) Freiheit bedeutet somit auch, dass alle Sippen, Stämme und Völker sich auf basisdemokratisch Weise selbst regieren, wobei die entsprechende organisatorische Gliederung heutzutage über die vorgegebenen Verwaltungseinheiten von Kommunen, Landkreisen (Provinzen), Regionen, Staaten, Großräumen, Territorien und Kulturkreisen verläuft.

(9) Der Sinn des Lebens ist das Leben selbst. Hierzu gehören gleichermaßen die („maskuline") individuelle Selbstverwirklichung sowie die („feminine") soziale Identität und Zugehörigkeit! Eine internationale Rückkehr zu einfachen biologischen und sozialen Gesetzmäßigkeiten - im Ausgleich universelle polarer Bedürfnisse - erscheint notwendig. Ausdruck hiervon sind u.a. der Schutz des familiären Zusammenhalts sowie das friedfertige Zusammenleben aller real existierender Stämme und Völker.

(10) Deutschland und die Deutschen fühlen sich im Allgemeinen noch immer den vedischen Werten, ihrer traditionellen Kultur, der Gleichberechtigung von Mann und Frau, den allgemeinen Menschenrechten, der Freundschaft aller Völker, dem Schutz der natürlichen Umwelt sowie dem anhaltenden Frieden und der Gerechtigkeit in der Welt verpflichtet.

(11) Hier setzt die <<Deutsche Verfassung>> an, welche sich in diesem Sinne zu allem bekennt, was Leben spendet, aufbaut und erhält. So achtet sie sämtliche Gesetze und Ordnungen, die uns ein Leben in *Frieden, Freiheit, Gerechtigkeit, Wohlstand und Gesundheit* sichern!

(12) Jeglicher Verwaltungsakt muss sich an diesen genannten *fünf Qualitäten* messen lassen, um gültig zu sein; sonst wäre er unwirksam!

(13) Bei der vorliegend folgenden <<Deutschen Verfassung>> handelt es sich um die vermutlich freiheitlichste und demokratischste Verfassung weltweit. Einige ihrer zentralen Elemente sind:

• Umfassende Gewährleistung aller Grundrechte (I.)
• Komplette Wiederherstellung staatlicher Souveränität (II.)
• Möglichkeit zur Gründung autonomer Gemeinschaften (II.3.)
• Übertragung des Rechts auf Staatsbürgerschaft an die Bundesländer (II.5.)
• Anschlussoption für weitere deutschsprachige Regionen (II.7.)
• Basisdemokratische Entscheidungsfindung (III.2.)
• Stete Möglichkeit des Volksentscheids (III.3.)
• Adlige Repräsentanz und Mitbestimmung (III.4.)
• Beratendes Godensystem (siehe: IV.)
• Rückkehr zur Staatsbank (V.1.)
• Rückkehr zum Goldstandard (V.1.)
• Verbot von Zins und Zinseszins (V.1.)
• Verbot von Einkommensbesteuerung (V.2.)
• Einführung eines bedingungslosen Grundeinkommens (V.2.)
• Förderung von Permakultur und Familienlandsitzsiedlungen (V.3.)
• Förderung von gewaltfreier Kommunikation und Konsensbildung (V.8.)

(14) Das Vor- und Nachwort des Verfassungskollektivs sowie die Präambel dienen lediglich zur Kommentierung der folgenden <<Deutschen Verfassung>>, sind aber selbst ohne Gesetzesrang; zum <<Masterplan>> siehe: VIII.14. DV.

(15) Der Oberste Basisdemokratische Rat als verfassungsgebende Versammlung im Sinne von Art. 146 GG möge daher die folgende <<Deutsche Verfassung>> beschließen…

Deutsche Verfassung

I. Die Grundrechte

I.1. Menschenwürde

(1) Der Mensch ist ein göttliches Wesen. Seine Würde ist unantastbar. Sie zu achten und zu schützen ist die Verpflichtung aller.

(2) Die Menschenwürde ist jener unverhandelbare Wert, der allen Menschen gleichermaßen und unabhängig von ihren Unterscheidungsmerkmalen wie Herkunft, Aussehen, Religion, Weltbild, Geschlecht, geschlechtlicher Präferenz, Größe, Gesundheit, Alter oder Status et cetera zukommt.

(3) Alle Menschen sind Träger von universellen Menschen- und Freiheitsrechten, welche nicht von Staaten oder Verfassungen gewährt werden, sondern den Menschen in ihrem Verhältnis gegenüber dem Staat und jedem anderen zustehen!

Kommentar des Verfassungskollektivs: Auch wenn diese Rechte allen Menschen von der <<Deutschen Verfassung>> zugestanden werden, also letztlich nur als „Setzung" oder „Satzung" erscheinen, heißt dies nicht, dass sie so nicht auch selbst-verständlich in Seele, Geist und Körper der Menschen als Naturrecht verankert und vorgesehen wären!

(4) Hiermit werden zudem die Rechte jedes Menschen auf Gemeinschaft, natürliche Böden, sauberes Wasser, reine Luft, Gartenarbeit, Gesang und Musik, Schauspiel und Tanz, freies Spielen, Kreativität und Kunstschaffen, forschendes Lernen, eigenes Weltbild und Glauben, einvernehmliche Berührungen und Gespräche mit anderen sowie auf einen verantwortungsvollen, freien Umgang mit Feuer verfassungsrechtlich festgeschrieben.

Kommentar des Verfassungskollektivs: Was zunächst schier unglaublich schien, sollte durch die Corona-Verordnungen der BRiD verboten werden: Freies Atmen, gegenseitige Umarmungen, intimer Austausch und Treffen mit anderen, Toben der Kinder, gemeinsames Musizieren... Gemäß der <<Deutschen Verfassung>> war dies ein klarer Verstoß gegen unsere Menschenwürde!

(5) Die Rechte aus I.1. (4) dürfen und können weder per Gesetz noch durch eine Verfassungsänderung eingeschränkt werden! Sie gelten somit als ewiges Recht!

(6) Als Rechtsbegriff umfasst die Menschenwürde zudem die im Folgenden aufgelisteten individuellen Freiheitsrechte sowie persönlichen Anspruchsrechte, welche jedem Menschen umfassend zu garantieren und zu gewähren sind.

(7) Aufgabe des Staates ist nicht nur die Gewährleistung dieser Rechte, sondern zugleich die Verwirklichung und der Schutz des sozialen Friedens zwischen allen territorialen Gebietseinheiten, Volks- und Gesellschaftsgruppen sowie Institutionen und Betrieben durch Mitbestimmung, Teilhabe und wertschätzende Kommunikation.

(8) Der Staat hat hierbei auf jegliche Staatsgewalt oder staatlichen Zwang in Form irgendwelcher staatlich vorgeschriebenen "Pflichten" zu verzichten. Hierzu gehörten in der Vergangenheit beispielsweise eine Schul-, Impf-, Arbeits-, Einkommenssteuer- oder Wehrpflicht. Diese sind allesamt mit der menschlichen Würde und Freiheit nicht zu vereinen und daher illegitim.

(9) Von den Menschen ihrerseits wird erwartet, sich nach eigenen Maßgaben in Rechtstaatlichkeit, Basisdemokratie und Freiheit zu engagieren und so am Wohlergehen ihrer jeweiligen Familien, Nachbarschaften, Kommunen, Provinzen, Länder und Nationen mitzuwirken.

(10) Grundsätzlich gilt: *„Der Staat ist um des Menschen willen da, nicht der Mensch um des Staates willen!“* Gleiches gilt für jegliche Art von Zusammenschlüssen, Behörden und Gemeinschaften!

Kommentar des Verfassungskollektivs: So stand es bereits Im <<Chiemseer Entwurf>> von 1948 <<Grundgesetz für einen Bund deutscher Länder>> in Artikel 1. (1), gefolgt von (2): „Die Würde der menschlichen Persönlichkeit ist unantastbar. Die öffentliche Gewalt ist in allen ihren Erscheinungsformen verpflichtet, die Menschenwürde zu achten und zu schützen.“

(11) Verstöße gegen die Menschenwürde können von jedem Menschen zur Anzeige gebracht und verfolgt werden.

I.2. Individuelle Freiheitsrechte

(1) Recht auf die Entfaltung der eigenen Persönlichkeit: Jeder Mensch hat das grundlegende Recht auf die Entfaltung seiner eigenen Persönlichkeit, innerlich und äußerlich, gemäß eigenen Vorstellungen und Wünschen, sofern hierdurch kein Dritter gefährdet wird. Hierzu gehört auch das Recht, sich zu kleiden, zu frisieren, zu bemalen oder zu tätowieren, wie man möchte, ohne dass daraus Nachteile erwachsen. Sicherheitsvorkehrungen an der Kleidung - wie Helm, Maske oder Handschuh etc. - können empfohlen, dürfen aber nicht zwingend verordnet werden.

(2) Meinungs- und Redefreiheit: Gewissen und Überzeugung bleiben frei. Das Recht zu denken, zu schreiben, zu meinen und zu sagen, was immer man möchte, wird gewährleistet! Dies beinhaltet auch das Recht zu schweigen.

(3) Beleidigungsfreiheit: Der Straftatbestand der Beleidigung wird hiermit aufgehoben. Wer andere grundlos beleidigt, diskreditiert sich letztendlich selbst. Es obliegt dennoch jedem einzelnen, sich durch andere nicht beleidigen zu lassen oder beleidigt zu fühlen.

(4) Empfindungs- und Gefühlsfreiheit: Empfindungen und/oder Gefühle von Menschen dürfen keinerlei Norm oder Zwang unterworfen werden.

(5) Verbot von gedanklicher Manipulation: Die Anwendung aller Technologien zur Beeinflussung von Empfindungen, Gefühlen, Gedanken und/oder Bewusstsein von Einzelnen oder der Masse ohne deren bewusste Einwilligung, wie es z.B. durch bestimmte Frequenzmuster oder subliminale Botschaften möglich ist, werden unter Strafe gestellt. Gleiches gilt für die Anwendung aller Gefühls- oder Gedankenlesemaschinen wie Lügendetektoren etc.

(6) Das Recht auf freie Bildung: Jeder darf lernen und studieren, was immer er möchte.

(7) Recht auf freie Forschung zu allen wissenschaftlichen, historischen und gesellschaftliche Themen: Jeder hat, sofern hierdurch nicht unmittelbar ein Dritter gefährdet wird, das Recht auf freie Forschung und Erprobung zu allen wissenschaftlichen, historischen und gesellschaftliche Themen sowie zur Veröffentlichung entsprechender Ergebnisse.

(8) Glaubens- und Religionsfreiheit: Das Recht zu glauben und zu meinen, was immer man möchte, ist zu gewährleisten. Dieses Recht beinhaltet unter anderem auch wissenschaftliche, agnostische, esoterische und atheistische Weltbilder oder Lebensanschauungen. Alle aus der Glaubens- und Religionsfreiheit resultierende Handlungen sind legal, sofern sie keinen Dritten gefährden, ihm nicht schaden oder unverhältnismäßige Störungen des öffentlichen Lebens hervorrufen. Diese Rechte dürfen lediglich durch die ebenfalls in der <<Deutschen Verfassung>> geregelte Religionspolitik (siehe: V.10.) eingeschränkt werden.

(9) Nahrungsfreiheit: Jeder Mensch hat das Recht zu essen, trinken und rauchen, was er will, solange sich hierin keine menschlichen Bestandteile befinden. Es obliegt den Menschen selbst, ihr Ernährungsverhalten immer wieder zu überprüfen und individuell zu optimieren.

(10) Recht auf freie Nutzung aller Lehrerpflanzen: Jeder erwachsene Mensch hat das Recht Lehrerpflanzen zur eigenen Bewusstseinserweiterung zu nutzen sowie sich zu berauschen, sofern hierdurch kein Dritter gefährdet oder geschädigt wird.

(11) Kunstfreiheit: Der künstlerische Ausdruck in Wort, Schrift, Bild, Film oder sonstigem Material ist jedem Menschen gestattet und ist ohne Einschränkung zu gewährleisten.

(12) Recht auf sexuelle Selbstbestimmung: Jeder ist frei, über seine geschlechtlichen Vorlieben selbst zu entscheiden, sofern er hierbei niemanden belästigt oder gefährdet. Sexualität hat immer in gegenseitigem Einvernehmen stattzufinden. Die Sexualität von Kindern und Jugendlichen ist zu schützen. Zu diesem Recht gehört auch jenes von Kindern ohne gezielte Beeinflussung jedweder sexueller Orientierung oder Vorlieben aufzuwachsen.

(13) Strafen gegen die sexuelle Selbstbestimmung: Die Haftstrafen für Pädophilie und Kindesmissbrauch werden mit Einführung der <<Deutschen Verfassung>> verdoppelt. Sexualstraftäter können mit lebenslangem Gewahrsam nach der Haft rechnen, wenn von ihnen erneute Straftaten zu erwarten sind. Ihre Schuld muss indessen einwandfrei feststehen.

(14) Recht auf juristische Selbstbestimmung: Jeder hat das Recht, selbst zu entscheiden, mit wem er Verträge eingeht und welchen Regelungen er sich unterwirft, solange diese nicht zu einem allgemeinen sozialen Miteinander unabdingbar sind.

(15) Berufsfreiheit: Jeder darf arbeiten, was, wo und wann er will, sofern er hierdurch niemanden gefährdet, unangemessen belästigt oder eine Straftat begeht.

(16) Recht auf Freizügigkeit: Jeder hat das Recht alle verfügbaren Pfade, öffentlichen Wege und Straßen zu benutzen sowie Plätze zu überqueren, solange er hierbei keine Straftaten verübt. Das Recht darf nicht prophylaktisch eingeschränkt werden. Jeder Mensch hat das Recht andere Länder - nach deren Gesetzgebung und Sitten - zu bereisen. Jeder Deutsche hat das Recht im gesamten Bundesgebiet im Freien zu nächtigen. Er hat zudem das Recht sich innerhalb des gesamten Bundesgebietes - nach den dort gültigen Rechtsregeln - wohnlich niederzulassen.

(17) Recht auf Besitz und Eigentum: Jeder Mensch hat das Anrecht auf Einkommen, Eigentum und Besitz und damit so zu verfahren, wie er möchte, sofern hierdurch keine anderen gefährdet oder geschädigt werden. Hierzu gehört auch das Recht auf die vollen Früchte seiner Arbeit. Das Erheben einer wie auch immer gearteten Einkommensteuer ist somit eindeutig verfassungswidrig.

(18) Recht auf Freiheit, Müßiggang und Feiern: Jeder Mensch hat das Recht auf Freizeit, Müßiggang, Spiele, Feiern, Rituale und Zeremonien nach eigener Fasson, sofern hierdurch nicht unmittelbar ein Dritter gefährdet oder belästigt wird.

(19) Recht auf Selbstverteidigung und Waffenbesitz: Jeder Deutsche hat das Recht auf Waffenbesitz in den eigenen vier Wänden. Dieses Recht ist zu gewährleisten. Im öffentlichen Raum haben Waffen - von streng geregelten Ausnahmefällen abgesehen - indessen nichts verloren. Jedem ist es darüber hinaus erlaubt, sich gegen ungerechtfertigte äußere Angriffe mit verhältnismäßigen Mitteln zur Wehr zu setzen.

(20) Versammlungsfreiheit: Alle Menschen dürfen sich jederzeit auch ohne Voranmeldung oder Erlaubnis frei versammeln, sofern sie hierbei keine Straftaten begehen. Dieses Recht kann auch nicht durch Seuchen oder Epidemien eingeschränkt oder aufgehoben werden.

(21) Geburtsrecht auf Freiheit: Man kann alle diese Rechte auch einfach nur als menschliches <<Geburtsrecht auf Freiheit zu tun, was man möchte, sofern hierdurch keinem Dritten ein Schaden erwächst>> zusammenfassen. Im Zweifelsfall sind den spezielleren Reglungen dieser Verfassung der Vorzug einzuräumen.

Kommentar des Verfassungskollektivs: Der Mensch ist frei geboren und man kann und darf ihm diese Freiheit nicht nehmen, es sei denn dort, wo sie mit der Freiheit anderer kollidiert oder er freiwillig und vollen Wissens in eine Übertragung seiner Freiheitsrechte an andere zustimmt. Im <<Chiemseer Entwurf>> wurde in Artikel 2. (1) wie folgt formuliert: „Alle Menschen sind frei." In (2) folgte sodann: „Jedermann hat die Freiheit, innerhalb der Schranken der Rechtsordnung und der guten Sitten alles zu tun, was anderen nicht schadet."

(22) Sterberecht: Jeder Mensch hat das Recht zu sterben, wann, wo und wie er in klarem Bewusstsein entscheidet.

(23) Unabdingbarkeit der Freiheitsrechte: Diese individuellen Freiheitsrechte sind unabdingbar und unveräußerlich. Sie bestehen gegen jegliche natürlichen oder juristischen Personen. Sie zu schützen und zu gewährleisten ist die Aufgabe aller.

(24) Einklagbarkeit der Freiheitsrechte: Rechtsansprüche aus den Menschen- und Freiheitsrechten sind einklagbar.

(25) Widerstandsrecht: Jede Deutsche hat das Recht auf Widerstand gegen jeden, der diese Grund- und Freiheitsrechte oder maßgebliche Teile von ihnen aufheben möchte oder sich sonstwie an der Menschenwürde vergeht, sofern alle Rechtsmittel ausgeschöpft wurden und keine andere Abhilfe möglich ist.

I.3 Persönliche Anspruchsrechte

(1) Recht auf Leben, körperliche Unversehrtheit und Gesundheit: Jeder Mensch hat das Recht auf Leben, körperliche Unversehrtheit und Gesundheit. Dieses Rechte beinhalten auch jenes, über seine biometrischen Daten und insbesondere seine DNA selbst bestimmen zu können. Die Todesstrafe und Folter bleiben ebenso wie deren bloße Androhung verboten.

(2) Recht auf Staatsangehörigkeit: Jeder Mensch hat das Recht auf eine autonome Staatsangehörigkeit.

(3) Recht auf Frieden: Jeder Mensch hat das Recht auf Frieden und darauf, dass sich alle internationalen Akteure friedfertig über strittige Angelegenheiten verständigen. Er hat zudem das Recht auf Schutz vor unrechtmäßiger Verfolgung.

(4) Recht auf Sicherheit, Nahrung und Grundversorgung: Jeder Mensch hat ein Anrecht auf Sicherheit, gesunde Lebensmittel und Grundversorgung. Sollte er nicht in der Lage sein, sich diese Bedürfnisse selbstständig zu erfüllen, muss der Staat hierfür sorgen. In der Republik Freies Deutschland werden diese Rechte für alle Deutschen in Form eines bedingungslosen Grundeinkommen gewährleistet.

(5) Recht auf Wahrheit: Jeder Mensch hat ein Recht auf Wahrheit und darüber von staatlicher Seite nicht manipuliert und belogen zu werden. Er hat darüber hinaus das Recht sich alle Meinungen unzensiert und in voller Länge anzuhören, um daraus eigene Rückschlüsse zu ziehen.

(6) Recht auf Gleichbehandlung und Gerechtigkeit: Jeder Mensch hat das Recht gemäß der geltenden Gesetzgebung vor Gericht gleich behandelt zu werden. Jeder Mensch hat das Recht auf Schlichtung, Wiederherstellung der ursprünglichen Ordnung (soweit möglich) sowie auf ein faires Rechtsverfahren nach allgemein bekannten und anerkannten Rechtsgrundsätzen.

(7) Recht auf Ehe, Familie und Kinder: Jeder Mensch hat das Recht zu heiraten, eine Familie zu gründen und Kinder zu bekommen. Die Partnerschaft und Eheschließung von Menschen unterschiedlicher Nationalitäten muss gewährleistet bleiben. Gleichgeschlechtliche Partnerschaften werden in der Republik Freies Deutschland der Ehe gleichgesetzt.

(8) Recht auf Zugehörigkeit: Jeder Mensch hat das Recht auf Zugehörigkeit zu Familie, Sippe, Stamm, Volk, Nation und Kulturkreis. Eine Zwangsglobalisierung und -liberalisierung von oben verstoßen gegen dieses Grundrecht.

(9) Recht auf Wohnung und Wohnort: Jeder Mensch hat das Recht auf eine Wohnung, einen Wohnort und eine Heimatregion sowie das Freiheitsrecht diese im Bedarfsfall zu wechseln, sofern es die entsprechenden Gesetze zulassen.

(10) Recht auf Unverletzlichkeit der Wohnung: Jeder Mensch hat das Recht auf die physische Unverletzlichkeit seiner Wohnung und Lebensweise, sofern hiervon keinerlei unmittelbare Gefahr ausgeht.

(11) Recht auf Intimität: Jeder Mensch hat das Recht auf Geheimnisse und Intimität. Dies beinhaltet unter anderem auch das Briefgeheimnis sowie das Recht auf die eigenen digitalen Daten in jeglicher Form.

(12) Recht auf Bildung: Jeder Mensch hat das Anrecht auf kostenfreie staatliche Bildung bis zu seinem 14ten Lebensjahr.

(13) Recht auf Arbeit: Jeder Deutsche hat das Recht auf bezahlte Arbeit und sollte er keine solche finden, das Recht darauf von seiner Kommune eine solche zugewiesen zu bekommen.

(14) Recht auf Freizeit: Jeder Mensch hat Anspruch und Recht auf Freizeit. Hierzu gehört auch das Recht, seine Freizeit so zu verbringen, wie man möchte, solange hierdurch keine anderen Menschen oder höher zu gewichtende Ziele gefährdet oder geschädigt werden.

(15) Recht auf Familienlandsitz: Jedes junge Ehepaar, bei welchem mindestens ein Partner die deutsche Volkszugehörigkeit besitzt und dieser Partner jünger als 28 Jahre ist und jede Familie mit Kindern, die bei ihr wohnen, von deren Eltern mindestens einer die deutsche Volkszugehörigkeit besitzt, haben das ausdrückliche Recht auf einen Familienlandsitz. Für deutsche Junggesellen von 21 bis 28 Jahre steht ein Junggesellenacker zur Verfügung.

(16) Landreformgesetze: Der Familienlandsitz ist von den entsprechenden regionalen Gebietskörperschaften unbefristet, vererbbar und ohne weitere Auflagen zu überlassen. Entsprechende Landreform-Gesetze müssen von den regionalen Räten gemäß dieser Verfassung ausgearbeitet und in Kraft gesetzt werden.

(17) Tradiertes Weltbild: Jeder Mensch hat das Recht auf ein gesellschaftliches Leitbild, welches tradierten und natürlichen Gegebenheiten entspricht, wie etwa der Existenz einer Menschheitsfamilie, der besonderen Volksliebe, dem Schutz der eigenen Familie oder einer Ehe ausschließlich zwischen Mann und Frau.

Kommentar des Verfassungskollektivs: Menschen, die in Partnerschaft, Ehe und Familie, ebenso wie in Volkszugehörigkeit oder Religion, lediglich Konstrukte des *deep state*, sprich der Kabale, sehen, müssen einem entsprechend propagierten gesellschaftlichen Leitbild natürlich nicht folgen. Die <<Deutsche Verfassung>> selbst sieht umfassende Freiheiten alternativer Lebensentwürfe vor, welche beispielsweise durch die Gewährleistung der freien Meinung und Rede, die Möglichkeit zur Gründung autonomer Gemeinschaften oder die Religionsneutralität sowie das Verbot von Missionierung im öffentlichen Raum (V.10. (3)) gesichert werden. Niemand darf in ein bestimmte Weltanschauung, eine Religion oder sonst etwas gezwungen werden! Dennoch erachtet das Verfassungskollektiv ein tradiertes, konservatives, die natürliche Vielfalt bewahrendes Weltbild für die Mehrheit der Menschen als ihrer Natur nach angemessen. Es wird davon ausgegangen, dass bereits der *homo erectus* vor 2 Millionen Jahren erste Familien bildete. Ausnahmen und Abweichungen bestätigen die Regeln.

(18) Migrationspolitik: Jeder Mensch hat das Recht auf eine an den Belangen des Volks orientierte Migrationspolitik.

(19) Recht auf Ruhe und Schlaf: Jeder Mensch hat das Recht auf ausreichend Ruhe und Schlaf sowie die Obliegenheit, diesen Sachverhalt gegebenenfalls freundlich gegenüber seinen Mitmenschen zu kommunizieren.

(20) Einklagbarkeit der Anspruchsrechte: Diese Rechte müssen notfalls vor regionalen, nationalem oder einem internationalen Gerichtshof eingeklagt werden.

(21) Doppelter Grundrechtschutz: Sollten die in der <<Deutschen Verfassung>> garantierten Grundrechte mit Ausnahme des Asylrechts in irgendeiner Weise hinter jenen der im ehemaligen Grundgesetz für Deutschland versprochenen zurückstehen, so wären eben jene ergänzend heranzuziehen, sofern sie vom Wortlaut und Sinn der <<Deutschen Verfassung>> gedeckt werden und nicht im Widerspruch zu eben jener stehen. Auch die früheren Artikel 19 GG sowie 20 GG gelten sinngemäß nach den Maßgaben der <<Deutschen Verfassung>> weiterhin fort.

Kommentar des Verfassungskollektivs: Die Grundrechtssituation der Deutschen wird somit doppelt geschützt und verbessert.

II. Republik Freies Deutschland

II.1. Staatsgründung und -namen

(1) Die Republik Freies Deutschland ist eine gesamtdeutsche staatliche Neugründung mit eigener Verfassung. Sie versteht sich als monarchische Räterepublik nicht jedoch als „Monarchie". Sie ist ein freier, basisdemokratischer, sozialer und souveräner Rechtsstaat eines neuen Zeitalters nach dem Zerfall einer jahrtausendealten Herrschaftsordnung, welche die Menschen knechtete und die Natur unterwarf.

(2) Die <<Deutsche Verfassung>> ist die gültige Verfassung Deutschlands. Mit der Annahme dieser Verfassung durch den Obersten Basisdemokratischen Rat, welcher hier als verfassungsgebende Versammlung im Sinne von Art. 146 GG fungiert, gründet sich die Republik Freies Deutschland als souveräner Staat.

(3) Das Grundgesetz für Deutschland und mit diesem die BRiD („BUNDESREPUBLIK DEUTSCHLAND") gelten von diesem Tage an als aufgelöst und erloschen.

(4) Trotz der Wahl und Einsetzung eines neuen deutschen Kaisers wird eine Rückkehr zum Deutschen Kaiserreich von 1871 ausgeschlossen, welches mit Annahme der <<Deutsche Verfassung>> nunmehr ebenfalls juristisch erlischt.

Kommentar des Verfassungskollektivs: Am Reichsgedanke *(geist-reich, hilf-reich, segens-reich, trost-reich...)* oder dem *Reich*-tum ist an sich zunächst nichts Negatives, solange darin die grundlegenden Menschen- und Freiheitsrechte gewahrt werden. Niemand würde Frankreich, Österreich, das Königreich Polen oder das Vereinigte Königreich von Großbritannien et cetera allein aufgrund ihres Namens irgendwelcher faschistoider Bestrebungen verdächtigen. Auch ein „neues deutsche Kaiserreich" sollte doch in diese Kategorie fallen! Dennoch wurde - im Hinblick auf eine nationale Versöhnung - dem Begriff einer „freien Republik" (hier: Republik Freies Deutschland) der Vorzug eingeräumt. Sollten allerdings die deutschen Stämme und Völker - vertreten durch ihren Obersten Basisdemokratischen Rat - irgendwann im Konsens beschließen, den Namen ihres Staates wieder in <<Reich>> umzuwandeln, wäre dies natürlich absolut legitim!

(5) Die Republik Freies Deutschland ist eine Republik (von lateinisch *res publica*, wörtlich „öffentliche Sache" oder „öffentliche Angelegenheit"). In ihr hat das Staatsvolk die höchste Gewalt und ist die oberste Quelle staatlicher Legitimität.

(6) Die Republik Freies Deutschland verpflichtet sich zu einem transparenten Staat bei gleichzeitigem Schutz der bürgerlichen Intimsphäre.

(7) Alle Gesetze der ehemaligen BRiD gelten - solange in dieser Verfassung nichts anderes bestimmt wird - fort, bis im kaiserlichem Dekret, der Volksabstimmung oder der basisdemokratischen Organisation der Republik Freies Deutschland etwas anderes entschieden wird.

(8) Nach der allgemein akzeptierten Drei-Elemente-Lehre ist ein Staat ein soziales Gebilde, dessen konstituierende Merkmale ein von Grenzen umgebenes Territorium (*Staatsgebiet*), eine darauf als Kernbevölkerung ansässige Gruppe von Menschen (*Staatsvolk*) sowie eine auf diesem Gebiet herrschende *Staatsgewalt* kennzeichnen. Dies trifft auf die Republik Freies Deutschland zu.

(9) Folgende Bestimmungen werden von der <<Deutschen Verfassung>> mit Staatsgründung der Republik Freies Deutschland als von primärer Bedeutung angesehen:

1. Das Bemühen um die ausstehenden internationalen Friedensverträge!

2. Die Beendigung des Besatzungsstatuts durch die Friedensverträge!

3. Ein internationaler sowie nationaler Verzicht auf weitere Besatzungskosten, Reparationszahlungen und/oder sonstige Forderungen aus dem zweiten Weltkrieg!

4. Die Wiederherstellung der vollen Souveränität Deutschlands!

5. Eine internationale sowie nationale Anerkennung der deutschen Grenzen von 1990!

6. Die Möglichkeit zum Anschluss benachbarter deutschsprachiger Regionen beispielsweise in Form eines <<Bundes deutscher Völker>> muss möglich bleiben! Insgesamt hält die Republik Freies Deutschland hierbei am Leitbild einer internationalen Gliederung anhand linguistischer und kultureller Grenzen fest.

7. Die sofortige Abschiebung massiv straffällig gewordener Ausländerinnen und Ausländer in ihre Herkunftsländer oder sichere, internationale Sammellager innerhalb ihres Herkunftskulturkreises!

8. Die konsequente, schrittweise Rückführung aller seit 2015 illegal nach Deutschland gelangten Migranten!

9. Die Sicherung der deutschen Außengrenzen durch freiwillige Volksmilizen und sodann durch die Bundeswehr unter Schirmherrschaft des deutschen Kaisers!

10. Die Aufhebung aller staatlichen Rundfunkanstalten der ehemaligen BRiD mit sofortiger Wirkung, um sie gegebenenfalls in demokratisch legitimierte und Spenden basierte Sendeanstalten der Republik Freies Deutschland umzuwandeln!

11. Die Abschaffung aller deutschen Geheimdienste sowie das Verbot aller geheimdienstlichen Tätigkeiten auf deutschem Boden mit sofortiger Wirkung!

Kommentar des Verfassungskollektivs: Zur Begründung: Weltweit wurden alle Kriege der jüngeren Geschichte immer von Geheimdiensten eingeleitet. Nie brach ein Krieg einfach so aus, dass ein Volk aus freiem Entschluss gegen ein anderes Volk gekämpft hätte. Das heißt: Ohne Geheimdienste keine Kriege mehr!

12. Die Beendigung des leidigen deutschen Schuldkultes in Politik, Medien, Bildung und Erziehung sowie das ehrliche Angebot einer deutsch-israelischen Freundschaft auf Augenhöhe!

13. Die Entkriminalisierung der Swastika als Sonnensymbol mit sofortiger Wirkung!

Kommentar des Verfassungskollektivs: Nur weil Symbole auch missbraucht werden können, kann man sie noch lange nicht einfach verbieten. Ansonsten müsste zuallererst einmal das christliche Kreuz verboten werden: Kreuzzüge, Inquisition, Hexenverbrennung, Ausrottung und Vertreibung indigener Völker, Kriege im Zeichen des Kreuzes et cetera.

II.2. Der Friedensvertrag/ die Friedensverträge

„Wir, die Deutschen, erkennen in unserer überwiegenden Mehrheit selbstverständlich an, dass Adolf Hitler und unsere Vorväter mit ihm als Volk und Nation den Weg der Rechtschaffenheit in vielerlei Hinsicht verlassen hatten, lassen uns hierauf aber nicht länger reduzieren, wie dies uns von den ehemaligen Regierungen der BRiD bis zu deren Untergang aufgezwungen wurde.

Wir bieten daher nach sieben Jahrzehnten der Schande an, wieder mit einem Friedensvertrag als gleichberechtigter, souveräner Staat in die Weltgemeinschaft zurückzukehren. Eine alleinige Kriegsschuld aber weisen wir von uns, da sie nicht den historischen Tatsachen entspricht. Die deutsche Anteil dieser Schuld wurde gesühnt und wir werden auch keinem anderen mehr irgendeine Schuld zuweisen. Wir bieten an, von nun an wieder auf gleicher Augenhöhe mit allen Staaten dieser Erde in friedlicher Absicht zu interagieren, zu verhandeln und wandeln.“

(1) Aus dem zweiten Weltkrieg bestehen noch immer 53 Kriegserklärungen gegen Deutschland, die nie in einem Friedensvertag aufgehoben wurden. Es gilt diesen Kriegszustand juristisch zu beenden.

(2) Die Republik Freies Deutschland bevorzugt es, einen einzigen weltweiten Friedensvertrag mit allen Kriegsparteien und darüber hinaus abzuschließen; ist notfalls aber auch gewillt, einzelne Friedensverträge mit den entsprechenden Staaten auszuarbeiten.

(3) Mit dem Abschluss eines wie auch immer gearteten internationalen Friedensvertrages mit Deutschland würde nicht nur Deutschlands volle staatlichen Souveränität wiederhergestellt, sondern zudem würden auch die SHAEF-Gesetzgebung und die Haager Landkriegsordnung (HLKO) ungültig. Zugleich löste sich die UNO auf, welche auf Kriegsrecht und den Bestimmungen der Siegermächte des zweiten Weltkriegs beruht(!)

(4) Die Republik Freies Deutschland regt deshalb bereits jetzt für die Welt eine baldige Neugründung der UNO als <<Internationalen Völkerbund>> oder <<Internationale Vertretung souveräner Völker>> an. Die alte UNO würde so obsolet.

(5) Auch nach Auflösung der UNO bestünden die universellen Menschen- und Freiheitsrechte, wie sie beispielsweise in der <<Allgemeinen Erklärung der Menschenrechte>> niedergelegt und beschlossen wurden, selbstverständlich unabhängig von alle äußeren Einwirkungen weiter fort. Notfalls müsste dies so auch noch einmal vertraglich in den Friedens- und Neugründungsverträgen festgelegt werden.

II.3. Staatsgebiet

(1) Die Republik Freies Deutschland konzipiert sich in den Grenzen der deutschen Wiedervereinigung von 1990.

(2) Mit Abschluss eines Friedensvertrages aus II.2. verzichtet sie endgültig und aus freien Stücken auf weitere Gebietsansprüche außerhalb dieses verbürgten Staatsgebietes.

Kommentar des Verfassungskollektivs: Für einen wirklichen Neuanfang gilt es Tabula rasa zu machen, indem man einerseits die heutigen nationalen Grenzen akzeptiert, andererseits aber auch jegliche Forderungen von weiteren Reparationszahlungen aus dem zweiten Weltkrieg energisch zurückweist bzw. darauf verzichtet. Diese Dinge sollten im ausstehenden Friedensvertrag festgehalten werden!

(3) Erweiterungsoption: Ein möglicher rechtsstaatlicher und demokratischer Anschluss aus freier Entscheidung von weiteren deutschsprachigen Gebieten insbesondere Österreichs oder der Schweiz und deren Aufnahme in die Republik Freies Deutschland steht dem nicht entgegen.

(4) Ein möglicher Beitritt weiterer nationaler Landesteile hätte basisdemokratisch, im Konsens der dortigen Bevölkerung und friedlich zu erfolgen, um gültig zu sein. Dem sind somit hohe Hürden gesetzt.

(5) Großraumoption: Die <<Deutsche Verfassung>> ist und bleibt offen für einen national geeinten Großraum Germanien, also all jener angrenzenden Regionen, in denen mehrheitlich die deutsche Sprache oder einer ihrer Dialekte gesprochen wird.

(6) Innerhalb seines hier definierten Staatsgebietes erlaubt die <<Deutsche Verfassung>> unter bestimmten Voraussetzungen die Bildung von sogenannten „autonomen Gemeinschaften" auf deutschem Grund und Boden.

(7) Zwei grundlegende Voraussetzungen zur Gewährleistung einer autonomen Gemeinschaft sind das Vorliegen einer eigenen Satzung sowie, dass deren Gründung oder Existenz nicht im Widerspruch zu grundlegenden Bestimmungen oder Zielen der <<Deutschen Verfassung>> steht.

(8) Die autonome Gemeinschaften der Republik Freies Deutschland werden außenpolitisch weiterhin von dieser vertreten, sind also nicht souverän, unterliegen aber ansonsten ihrer eigenen Gesetzgebung und Verwaltung. Sie sind als eigenständige Rechtsform im Handelsregister einzupflegen.

(9) Die so entstehenden „autonomen Gemeinschaften" sind von jeglicher Steuerpflicht etc. befreit, können aber außer der gemeinsamen Nutzung aller Straßen mit keinerlei Zuwendung seitens des Staates, wie einem bedingungslosen Grundeinkommen etc., rechnen.

(10) Innerhalb Deutschlands hätten die Angehörigen solcher Gemeinschaften den Status von Geduldeten, denen zwar alle Grundrechte zugestanden werden, die ansonsten aber „wie Staatenlose" ohne weiterführende Rechtsansprüche sind.

II.4. Staatliche Raumordnung

(1) Die <<Deutsche Verfassung>> empfiehlt zur Schaffung vergleichbarer Verwaltungseinheiten die Zusammenlegung der drei kleineren Bundesländer Berlin, Hamburg und Bremen mit ihren jeweiligen Nachbarländern zu (a) Hamburg-Schleswig-Holstein, (b) Niedersachsen und Bremen sowie (c) Brandenburg-Berlin. Dies würde aller Wahrscheinlichkeit nach nicht nur bürokratische Vorgänge vereinfachen, sondern zugleich zu einer Stärkung regionaler Identitäten führen!

(2) Folgendes sind die dreizehn von der <<Deutschen Verfassung>> favorisierten autonomen deutschen Regionen (= Bundesländer) nach Zusammenlegung der Stadtstaaten Berlin, Hamburg und Bremen mit angrenzenden größeren Regionen:

1. Baden-Württemberg
2. Bayern
3. Brandenburg-Berlin
4. Hamburg-Schleswig-Holstein
5. Hessen
6. Mecklenburg-Vorpommern
7. Niedersachsen und Bremen
8. Nordrhein-Westfalen
9. Rheinland-Pfalz
10. Saarland
11. Sachsen
12. Sachsen-Anhalt
13. Thüringen

(3) Über etwaig anstehende Gebietsreformen, wie die hier vorgeschlagenen Anschlüsse der Stadtstaaten Berlin an Brandenburg, Hamburg an Schleswig-Holstein sowie Bremen an Niedersachsen, entscheiden die jeweiligen Stämme beziehungsweise Bundesländer per Volksentscheid im basisdemokratischen Konsensverfahren selbst.

(4) Umgekehrt wäre es nach II.4. (3) durchaus auch denkbar, dass Teilstämme wie die Badenser oder Franken ihre eigenen autonomen Regionen fordern und durch demokratische Abstimmung herbeiführen. Die <<Deutsche Verfassung>> erlaubt im Sinne der Landsmannschaften beide Varianten.

(5) Den autonomen Regionen sind die jeweiligen Provinzen (= Landkreise) mit ihren Städten und Kommunen, welche sich wiederum in Ortschaften und Stadtviertel sowie einzelne Straßenzüge („Nachbarschaften") untergliedern lassen.

(6) Für die jeweils untergeordneten regionalen Einheiten werden die gleichen Grundsätze angewandt wie für die Regionen selbst:

1. Sie verfügen über weitestmögliche Selbstbestimmung.
2. Sie verwalten sich selbstständig gemäß den Grundsätzen der innenpolitischen Entscheidungsfindung nach III. DV.

II.5. Regionale Staatszugehörigkeit

(1) Anstelle der „alten deutschen Völker" des Deutschen Kaiserreichs traten im Sinne der <<Deutschen Verfassung>> die im Laufe der Jahrzehnte entstandenen „neuen deutschen Stämme" der bestehenden Bundesländer.

Kommentar des Verfassungskollektivs: Zu den deutschen Völkern des Kaiserreichs zählten u.a. die Preußen, die Hessen sowie die Einwohner der thüringischen Staaten, der Königreiche Bayern, Sachsen und Württemberg oder der Großherzogtümer Baden etc.

(2) Der Republik Freies Deutschland ist ein föderatives, nationalstaatliches Gebilde, in welchem sich die bundesdeutschen Stämme zu einer einheitlichen Nation zusammenschließen.

(3) Die Option zum Anschluss weiterer angrenzender, deutschsprachiger Kommunen, Provinzen oder Regionen besteht.

(4) Solange bis die einzelnen deutschen Stämme und/oder früheren Völker ihrer jeweiligen Bundesländer basisdemokratisch und autonom über die entsprechende Staatsbürgerschaft ihres Bundeslandes bestimmen, können die alten Ausweispapiere der BRiD im Sinne eines allgemeinen Identitätsausweises weiterhin verwendet werden(!)

(5) Die <<Deutsche Verfassung>> legt lediglich folgenden Bedingungen für die regionalen Staatsbürgerschaften fest:

1. Bio-Deutsche sind all jene Menschen, deren Vorfahren und Ahnen bereits in Deutschland lebten und die entsprechend als deutsche Ethnie zu bezeichnen sind. Näheres regeln die regionalen Staatszugehörigkeitsgesetze.

2. Assimilations-Deutsche sind Menschen deren Vorväter ursprünglich aus anderen Völkern stammten, die hier allerdings assimiliert wurden und weder in Sprache noch von ihrer Äußerlichkeit von Bio-Deutschen zu unterscheiden sind. Sie haben ungehindertes Anrecht auf ihre regionalen Staatsbürgerschaften, sofern sie den Personalausweis der BRiD besaßen. Näheres regeln die regionalen Staatszugehörigkeitsgesetze.

3. Dem Begriff des Bio-Deutschen ist der Begriff des Assimilations-Deutschen als gleichberechtigter <<Deutscher>> gegenüberzustellen.

4. Hinsichtlich all jener Menschen, die den Personalausweis der BRiD besaßen, jedoch weder als Bio- noch als Assimilationsdeutsche zu bezeichnen sind, wird zunächst eine unbefristetes Aufenthalts- und Arbeitsrecht in Deutschland ausgesprochen, um sodann per Gesetz oder notfalls in Einzelfallprüfungen über ihr Anrecht auf eine regionale Staatsbürgerschaft zu entscheiden.

5. Im Zweifelsfall ist immer die Muttersprache als primäres Kriterium von Volkszugehörigkeit zu berücksichtigen.

6. Die volle Staatsbürgerschaft (unabhängig von der deutschen Volkszugehörigkeit) kann frühestens mit dem Erreichen des 14ten Lebensjahres durch den Erwerb einer regionalen Staatsbürgerschaft erlangt werden. Diese ist unmittelbar an die lebenslange Annahme der <<Deutschen Verfassung>> geknüpft und berechtigt zugleich zum Tragen eines deutschen Nationalausweises.

Kommentar des Verfassungskollektivs: Die Annahme einer regionalen Staatsbürgerschaft ist und bleibt ein freiwilliger, bewusster Akt, der frühestens mit 14 Jahren vorgenommen werden kann. Zugleich ist es wichtig zu verstehen, dass diese Entscheidung späterhin nicht mehr revidiert werden kann!

(6) Die Stammesfürsten ihrer jeweiligen Regionen (Bundesländer) werden gebeten, sich für einen respektvollen Umgang aller Menschen auf ihrem Landesgebiet miteinander einzusetzen, selbst wenn manche ehemaligen Personaldeutschen der BRiD aufgrund restriktiver Qualitätskriterien hinsichtlich der regionalen Staatsbürgerschaften und Einbürgerungen keinen Anspruch mehr hierauf haben werden. Zu den Stammesfürsten siehe: III.4. (14) ff.

(7) Über alles Weitere entscheiden die jeweiligen Regionen selbst.

II.6. Nationale Volkszugehörigkeit

(1) Nur wer sein eigenes Volk liebt, ist auch in der Lage fremde Völker oder gar alle Menschen zu lieben.

(2) Historisch gesehen bedeutete <<deutsch>> die <<Sprache des Volks sprechend>>.

(3) Daher scheint eine Klärung der deutschen Volkszugehörigkeit primär im Sinne der Muttersprache notwendig. Die Religion („Glauben"), der gesellschaftliche Stand ("Klasse"), die Hautfarbe ("Rasse") oder persönliche Fähigkeiten („Können") spielen dabei - wenn überhaupt - nur eine untergeordnete Rolle.

(4) Die Staatsbürgerschaft eines der deutschen Bundesländer berechtigt zugleich zum Tragen eines deutschen Nationalausweises, ist aber kein Nachweis deutscher Volkszugehörigkeit oder Ethnie. Diese ist auf Antrag durch einen sogenannten „gelben Schein" gesondert auszustellen.

(5) Für historisch integrierte Minderheiten wie die Dänen, Friesen oder Sorben können Sonderreglungen getroffen werden.

(6) Es steht darüber hinaus jedem Menschen deutscher Muttersprache mit Wohnort außerhalb des Staatsgebietes der Republik Freies Deutschland frei, einen deutschen Nationalausweis zu beantragen, auch ohne Inhaber einer der regionalen Staatsbürgerschaften zu sein.

(7) Die Möglichkeit der deutschen Ehrenbürgerschaft für Nicht-Muttersprachler sollte geschaffen werden.

(8) Der deutsche Nationalausweis berechtigt zum freien Reisen, Nächtigen, Arbeiten und sich Niederlassen im gesamten Bundesgebiet.

Kommentar des Verfassungskollektivs: Lasst uns gemeinsam eine neue vedische Nation erschaffen! Ein Volk wie das deutsche kann nur aus Angehörigen eben dieses Volks bestehen; hinter einer Verfassung aber können sich die verschiedensten Volksgruppen und Ethnien „in Einigkeit und Recht und Freiheit" vereinen.

II.7. Germanien der deutschen Völker

(1) Die <<Deutsche Verfassung>> sieht die Möglichkeit einer Vereinigung aller deutschsprachigen Regionen und/oder Stämme („Germanien") in einem <<Bund deutscher Völker>> vor.

(2) Zu diesen Regionen könnten beispielsweise gehören:

1. West-Deutschschweiz
   (mit den vier Provinzen: Oberwallis, Bern, Solothurn und Basel)
2. Ost-Deutschschweiz (mit diversen Kantonen (= Provinzen))
3. Romandie (mit den fünf Provinzen: Jura, Neuenburg, Freiburg, Waadt und Unterwallis)
4. Tessin
5. Graubünden
6. Liechtenstein
7. Burgenland
8. Kärnten
9. Niederösterreich und Wien
10. Oberösterreich
11. Salzburg
12. Steiermark
13. Tirol
14. Vorarlberg

(3) Einzelne der hier genannten Regionen könnten auch ohne die Gründung eines <<Bundes deutscher Völker>> die <<Deutsche Verfassung>> annehmen, sofern dies demokratisch geschieht, sie an das Staatsgebiet der Republik Freies Deutschland angrenzen und hierdurch keine neuen Enklaven entstehen. Siehe bereits: II.3. (3).

Kommentar des Verfassungskollektivs: Der Anschluss einzelner schweizer Provinzen wie Schaffhausen, Aargau, Zürich oder Thurgau - oder der gesamten Region „Ost-Deutschschweiz" an die Republik Freies Deutschland wäre aufgrund gemeinsamer Grenzen möglich, nicht jedoch der alleinige Beitritt Liechtensteins. In Österreich könnten beispielsweise die Regionen Vorarlberg, Tirol, Salzburg und Oberösterreich beitreten, nicht jedoch das alleinige Burgenland.

II.8. Flüchtlings- und Migrationspolitik

(1) Es entscheidet zukünftig nicht mehr der Staat, sondern die einzelnen Familien darüber, ob sie eine weitere fremde Person in den Bund ihrer Sippe und Familie aufnehmen, sozusagen für diese bürgen und für sie einstehen, als wäre sie eine der ihren.

(2) Neben der Familie könnten sich auch ganze Ortschaften, Kommunen, Landkreise oder Bundesländer für die Aufnahme weiterer Flüchtlinge aussprechen, müssten diese dann aber auch entsprechend auf eigene Kosten unterbringen und für sie bürgen.

(3) Eine entsprechende Entscheidung wird sodann von alle übergeordneten Gebietskörperschaften mitgetragen. Im Falle von II.8.(1) wären dies die gesamte Ortschaft, Kommune, Provinz, Region bis hin zum Staat oder gegebenenfalls einem Großraum Germanien.

(4) Werden die Erfordernisse von II.7. (1) oder (2) nicht erfüllt, sind keine weiteren Flüchtlinge mehr aufzunehmen. Ein allgemeines Asylrecht wird somit aufgehoben.

(5) Alle seit 2015 gesetzeswidrig ins Land gekommen Menschen müssen wieder ausgewiesen werden, sobald es die Sicherheitslage in ihren Herkunftsregionen zulässt. Ansonsten kann ihnen weitere Duldung zugesagt werden, aber keine unbefristete Aufenthaltserlaubnis.

(6) Organisation, Errichtung und Schutz von Sammelzentren für Flüchtlinge außerhalb der deutschen Landesgrenzen können von der Republik Freies Deutschland übernommen werden, wenn auch - wie verfassungsrechtlich garantiert - ohne militärische Gewalt anzuwenden.

(7) Wahrhaft in Not geratenen Menschen ist und bleibt zu helfen.

II.9. Staatsgewalt

(1) Die Republik Freies Deutschland spricht sich gegen jede unnötige Gewalt aus. Sie versteht sich als pazifistisches Staatsgebilde, weswegen der Begriff der Staatsgewalt immer auch kritisch zu hinterfragen ist. Diese muss in Form von Gesetzgebung, Rechtsprechung, Verwaltung und Medien immer beim Volk verbleiben.

Kommentar des Verfassungskollektivs: Anders als bei einer sogenannten „parlamentarischen Demokratie" werden in einer „Räterepublik" wie der Republik Freies Deutschland alle Bürger beim politischen Meinungs- und Konsensbildungsprozess gefordert und beteiligt. Die klassische Gewaltenteilung wird zunächst aufgehoben, da sie ohnehin nie wirklich funktionierte.

(2) Grundsätzlich geht alle Gewalt vom Volk aus und wird von diesem über die jeweils selbstbestimmten basisdemokratischen Kreise in möglichst umfassendem Konsens ausgeübt. Der Kreis wird so zugleich zum primären legislativen, exekutiven und judikativem Organ. Jeder verfassungsgemäße Kreis kann sich allerdings auch entscheiden, entsprechende Aufgaben vorrübergehend und immer vom Konsens und den Grundbestimmungen dieser Verfassung gedeckt, an entsprechend zu schaffende und/oder zu ermächtigende Stellen auszulagern.

(3) Konkret bedeutet das, dass alle bundesrepublikanischen und administrativen Formen von Gewaltausübung zunächst ausgesetzt werden, bis sie entweder von den entsprechenden Ratskreisen bestätigt oder gänzlich aufgehoben werden(!)

(4) Die deutschen Polizisten werden als nationale Friedensbewahrer umgeschult, die ganz alleine ihrem eigenen Gewissen unterstehen. Ihre Bezahlung muss gesichert bleiben(!)

Kommentar des Verfassungskollektivs: Das Bild, welches hinsichtlich den deutschen Polizeikräften verfolgt wird, ist jenes von Shanti Sena, einer Friedensarmee und gewaltfreien Eingreiftruppe, die den Menschen und ihrem Volk dient.

III. Innenpolitische Entscheidungsfindung

III.1. Grundsätze politischer Einflussnahme

(1) Das deutsche Volk ist der Souverän über alle Deutschland betreffenden staatlichen Belange. Diese werden von ihm auf allen Entscheidungsebenen im Konsens aus der Kreisform heraus in basisdemokratischer Art und Weise entschieden und geregelt.

Kommentar des Verfassungskollektivs: Es entspricht den höchsten Überzeugungen des Verfassungskollektivs, dass freie Menschen in der Lage sind und bleiben, sich zu friedlich zu einigen, selbst zu verwalten und zu regieren !!!

(2) Entscheidungen werden grundsätzlich auf der jeweils betroffenen und somit zuständigen Ebene vom jeweils entsprechenden Rat getätigt.

(3) Es gilt die Formel: „In größtmöglichem Konsens ohne schwerwiegende Einwände beschlossen!"

(4) Sollte es dem zuständigen Rat nicht möglich sein, zu eine Konsensentscheidung zu gelangen, so entscheidet eben die betroffene und somit zuständige Bevölkerung in freier, geheimer Abstimmung oder Wahl selbst.

(5) Für übergeordnete Belange werden sogenannte Ratsbotschafter aus den jeweiligen Kreisen berufen. Diese vertreten sodann den in ihrem Ratskreis gefundenen Konsens auf der nächst höheren Entscheidungsebene und sind ihrem eigenen Ratskreis sodann hierüber Auskunft und Rechenschaft schuldig. Es gibt keinen Anspruch auf andauernde Vertretung. Ein Ratskreis kann jederzeit einen anderen Ratsbotschafter beauftragen.

(6) Das herkömmliche Parteiensystem und die sogenannte parlamentarische Demokratie werden somit abgeschafft und durch ein basisdemokratisches, konsensorientiertes System ersetzt, bei dem die Rechenschaftspflicht der jeweiligen Vertreter (Ratsbotschafter) nicht ihrer Partei, sondern ihrem Wahlkreis (Ratskreis) als Ganzes gilt.

Kommentar des Verfassungskollektivs: Klassische Kabinettssitzungen pseudodemokratisch gewählter „Volksvertreter", die von oben herab oftmals entgegen den offensichtlichen Interessen ihres eigenen Volks entscheiden, gehören hiermit der Vergangenheit an!

(7) Neben dem basisdemokratischen Entscheidungsverfahren kennt die Republik Freies Deutschland noch zwei weitere Entscheidungsverfahren, die solange ihre Gültigkeit bewahren, bis sie von entsprechenden Räten entweder bestätigt oder revidiert werden. Diese sind:

1. der Volksentscheid bzw. die direkte Volkswahl
2. das kaiserliche Dekret bzw. stammesfürstliche oder provinzgräfliche Erlasse

Insofern kann von einer dreigliedrigen Entscheidungsfindung und Handlungsoption der Republik Freies Deutschland gesprochen werden.

(8) Der höchste Rat auf nationaler Ebene ist und bleibt der Oberste Basisdemokratische Rat. Seine Entscheidungen heben Volksentscheide oder -wahlen auf und setzen kaiserliche Dekrete außer Kraft.

(9) Eine dem basisdemokratischen Konsens der Räte untergeordnete Form der Entscheidungsfindung sind gemäß III.1. (7) 1. DV Volksentscheide oder direkte Volkswahlen. Von diesen sollte insbesondere in der notwendigen Übergangs- und Transitionszeit von der BRiD hin zu einer voll funktionierenden Republik Freies Deutschland häufig Gebrauch gemacht werden sollte, um schnellere Entscheidungen zu ermöglichen, welche hinterher immer noch von den Räten korrigiert werden können. Nach Beendigung der Transitionszeit sind der zweite und dritte Satz von III.1. (9) DV aus der <<Deutschen Verfassung>> zu streichen.

(10) Abweichende Volksentscheide und direkte Volkswahlen heben Dekrete oder Erlasse hoheitlicher Vertretung auf.

(11) Die schnellste Form der Entscheidungsfindung ist das kaiserliche Dekret auf nationaler Ebene, beziehungsweise die Erlasse des Stammesfürsten auf regionaler Ebene bzw. des Provinzgrafen auf der Ebene der Landkreise gemäß III.1. (7) 2. DV sowie die Entschlüsse der Oberbürgermeister und Bürgermeister im kommunalen Bereich.

(12) Alles Weitere - wie beispielsweise die jeweilige Betroffenheit oder Zuständigkeit nach III.1. (2) - kann per Gesetz geregelt werden. Sie liegt in der Sache selbst begründet. Im Zweifelsfall, solange nichts anderes beschlossen wird, gelten die bisherigen Zuordnungen aus dem GG fort.

III.2. Basisdemokratisches Verfahren der Entscheidungsfindung

(1) Die basisdemokratische Entscheidungsfindung ist das Kernstück politischer Willensbildung in der Republik Freies Deutschland.

(2) Zunächst entscheiden sogenannte Transitionsräte, später dann die offiziellen Volksräte. Im Unterschied zur bloßen Versammlung gilt im Rat die Kreisform.

(3) Für die Volksräte gilt der Konsens nach III.1. (3) DV. In den Transitionsräten darf nach offener Ansprache und Beratung in freier, geheimer Wahl abgestimmt werden. Soweit nichts anderes bestimmt wurde, reicht die einfache Mehrheit.

(4) Transitionsräte können aus Versammlungen von mehreren tausend Menschen bestehen.

(5) Als erster Transitionsrat bildet sich die verfassungsgebende Versammlung im Sinne von Art. 146 GG, um die <<Deutsche Verfassung>> zu beschließen.

(6) Die verfassungsgebende Versammlung hat als Oberster Basisdemokratischer Rat in der unmittelbaren Übergangs- und Transitionszeit sodann insbesondere folgende Aufgaben:

1. Koordinierung einer geordneten, möglichst friedlichen Transition

2. Bestätigung des vom deutschen Hochadels einberufenen Expertenkomitees zur Bestimmung des deutschen Kaisers. Sollte sich kein entsprechendes Komitee bilden können, würde der deutsche Kaiser nach III.4. (12) DV in freier Wahl vom Volk bestimmt.

Kommentar des Verfassungskollektivs: Es ist nach momentanem Stand davon auszugehen, dass der erste Kaiser der Republik Freies Deutschland Georg Friedrich Prinz von Preußen sein wird.

3. Begleitende Organisation der Ratsbildung auf regionaler Entscheidungsebene

4. Begleitende Organisation der direkten Volkswahlen für die weißen Goden

5. Ernennung und Einsetzung eines an Gesara und Nesara orientierten nationalen Finanzexpertenkomitees

6. Übernahme der nationalen Steuerverwaltung /des Staatshaushaltes

7. Übernahme der Rundfunkanstalten der ehemaligen BRiD

(7) Die Transitionsräte sind schrittweise in Volksräte umzuwandeln:

1. Sobald sich die jeweiligen Transitionsräte der nächstunteren Ebene gebildet haben, können diese durch Wahl und Entsendung ihrer Ratsbotschafter nunmehr verfassungsgemäß den nächsthöheren Volksrat konstituieren.

Kommentar des Verfassungskollektivs: Sobald also beispielsweise die einberufenen transitorischen Räte der einzelnen Bundesländer ihre jeweiligen Ratsbotschafter gewählt haben, setzt sich nunmehr der erste Oberste Basisdemokratische Volksrat zusammen.

2. Der Prozess wiederholt sich verfassungsgemäß auf der nächsttieferen Ebene.

Kommentar des Verfassungskollektivs: Die regionalen Räte der Bundesländer organisieren - analog zu III.2. (6) 3. DV - die provinzialen Räte der Landkreise. Diese wiederum entsenden Ratsbotschafter zur Konzipierung der regionalen Volksräte. Und immer so weiter.

3. Die Basis der politischen Entscheidungsfindung ist und bleibt das deutsche Volk.

Kommentar des Verfassungskollektivs: Es bleibt die Sache des Volks, ob und inwieweit es sich bis in die kleinsten Einheiten von Stadtvierteln, Straßenzügen, Nachbarschaften, Wohnhäuser und Familien hinein selbst organisiert!

4. Sobald die Räte der nächstunteren Stufe Ratsbotschafter in ausreichender Anzahl entsenden, erlischt das Recht des nächsthöheren transitorischen Rats und konstituiert sich verfassungsgemäß der rechtmäßige Volksrat.

Kommentar des Verfassungskollektivs: Vorbei ist es mit aller Parteien- und Politikverdrossenheit! Das jeweils Beste aus dem Volk wird ab sofort immer zum Vorschein kommen und sich durchsetzen!

5. Als ausreichende Anzahl gilt mindestens zwei Drittel aller territorialen Einheiten.

Kommentar des Verfassungskollektivs: Hessen beispielsweise besteht momentan aus 21 Landkreisen. Der regionale hessische Volksrat bestünde daher aus 21 Mitgliedern. Er konstituiert sich, sobald aus den einzelnen Landkreisen hierfür mindestens 14 Ratsbotschafter ernannt wurden.

6. Dort, wo sich keine nächstunteren Räte bilden und eine ausreichende Anzahl an Ratsbotschaftern schicken, verbleibt die oberste Entscheidungsgewalt beim jeweiligen Transitionsrat. Der einberufene Volksrat würde als Transitionsrat geöffnet.

Kommentar des Verfassungskollektivs: Wenn also beispielsweise von den 15 Straßenzügen eines Stadtviertels nicht mindestens zehn Ratsbotschafter in den Stadtviertel-Volksrat geschickt werden, wird dieser gemäß der <<Deutschen Verfassung>> entscheiden, die Ratsversammlung als transitorischen Rat für alle Bewohner des Stadtviertels zu öffnen.

7. Mit Ausnahme des Wahlrechts der Transitionsräte haben beide Ratsformen die gleichen Entscheidungsrechte.

8. Alle Räte geben sich eine entsprechende Tagesordnung, in welcher sie jeweils auch einen erfahrenen Ratskoordinator bestimmen sollten.

9. Alle Beschluss-Entwürfe der Räte sind baldmöglichst schriftlich auszuhängen sowie in digitaler Form öffentlich zu machen.

10. Ein Beschlussentwurf gilt sodann als rechtskräftig, wenn innerhalb von zwei Wochen keine schwerwiegenden Einwände seitens eines der nächstunteren Räte aufgetreten sind. Ansonsten müsste neu verhandelt werden.

11. Alle rechtskräftigen Ratsbeschlüsse oder -entscheidungen sind sowohl in gedruckter als auch in digitaler Form zu veröffentlichen und der Allgemeinheit zur Verfügung zu stellen.

(8) Die Versammlungen der jeweiligen Räte finden mindestens zweimal monatlich zu wiederkehrenden Terminen statt.

(9) Hierfür werden bis auf Weiteres folgende Wochentage in 14tägigem Rhythmus festgesetzt:

1. In den Häusern und Familien auf freiwilliger Basis sonntags
2. In den Straßenzügen und Nachbarschaften auf Einladung montags
3. In den Ortschaften und Stadtvierteln dienstags
4. In den Städten und Großkommunen donnerstags
5. In den Landkreisen (Provinzen) freitags
6. In den Bundesländern (Regionen) samstags

Kommentar des Verfassungskollektivs: Die eigentliche Meinungsbildung und Entscheidungsfindung geschieht in einer Räterepublik immer von unten nach oben. Volksvorstellung und Wille kommen zum Ausdruck und werden umgesetzt.

Nehmen wir ein Beispiel aus der Praxis:

1. Der unterste Rat besteht aus allen Familienmitgliedern, welche älter als 14 Jahre sind. Jeden zweiten Sonntag setzen sie sich gemeinsam zusammen und beratschlagen über familiäre Angelegenheiten bis weitestgehende Einigkeit (= Konsens) besteht, da die Bedürfnisse aller berücksichtigt werden. Zudem bestimmen sie, wer die Familie im nächsten Nachbarschaftsrat vertritt, bei welchem es darum gehen soll, ein gemeinsames Fest zu veranstalten.

2. In zwei Wochen setzt sich unsere Familie dann erneut bei Kaffee und Kuchen zusammen. Sie evaluiert das Geleistete und schaut, wo es noch Verbesserungsmöglichkeiten im familiären Zusammenleben gibt oder ob andere Dinge (wie beispielsweise der Kauf eines neuen Kühlschranks etc.) anstehen. Außerdem erzählt der Vater, welcher dieses Mal die Nachbarschaftsversammlung besuchte, von den entsprechenden Beschluss-Entwürfen. Man hatte sich darauf geeinigt, dass es neben Gegrillten auch vegetarisches und koscheres Essen geben solle. Zudem wurde gewünscht, dass neben der Ortskapelle auch noch eine Rockband aus der benachbarten Provinz auftritt, deren Bezahlung über Spendengelder finanziert werden soll. Alle Familienmitglieder sind damit einverstanden. Für die Vertretung der Familie im nächsten Nachbarschaftsrat wird diesmal die große Tochter bestimmt, welche hiermit auch einverstanden ist, da ihr Bekannter aus dem Nachbarhaus auch kommen wollte, der sich schon bereit erklärte für die Rockband Spenden zu sammeln.

3. Beide berichten der Straßenversammlung, dass ihre Familien mit den Vorschlägen des Nachbarschaftsrats hinsichtlich des geplanten Straßenfestes einverstanden sind.

Oder ein anderes Beispiel:

1. Dienstags tagt traditionell die Ortsversammlung, welche sich aus Vertretern der verschiedenen Straßenräte zusammensetzt. Noch immer herrscht Uneinigkeit über den geplanten Bau einer neuen Kindertagesstätte, da diese vielen zu teuer erscheint. Deshalb wird ein neuer Vorschlag im Konsens erarbeitet, der darin besteht, die alte Kita nicht vollständig abzureißen, sondern nur den Ostflügel. Der Westflügel solle in Eigenarbeit des Dorfes saniert werden.

2. Die Vertreter berichten über diesen neuen Vorschlag in ihren jeweiligen Straßen. Diesmal regt sich kein Widerstand und somit kann bei der nächsten Ortsversammlung das leidige Thema endlich abschließend im Konsens beschlossen werden.

Und immer so fort. Jeder Vorschlag auf der höheren Ebene ist also immer wieder an die Basis oder doch zumindest an die nächsttieferen Räte zurückzugeben bis ein allgemeiner Konsens erzielt wurde.

(10) Teilnahmeberechtigt an den Volksräten III.2. (9) 2. bis 4. im Sinne dieser Verfassung sind alle ansässigen Menschen (Wohnbevölkerung), die das 14te Lebensjahr vollendet haben. Zur Teilnahme an den Volksräten III.2. (9) 5. Und 6. sowie auf Bundesebene bedarf es der deutschen Staatsbürgerschaft.

(11) Der Oberste Basisdemokratische Rat tagt jeden Samstag.

Kommentar des Verfassungskollektivs: Das oft gehörte Argument, dass das basisdemokratische Rätesystem zwar im Kleinen funktionieren könne, nie aber in einem kompletten Staat, greift nicht!

Es gilt das alte hermetische Gesetz: „Wie im Kleinen, so im Großen!"

Nehmen wir daher nun einen Großraum wie das <<Germanien der deutschen Völker>> aus II.7. DV mit geschätzten 100 Mio. Menschen als Beispiel. Dessen Oberster Basisdemokratische Rat könnte beispielsweise (gemäß den Überlegungen der <<Deutschen Verfassung>>) aus 27 wechselnden Mitgliedern bestehen.

Zur besseren Arbeitskontinuität könnten die einzelnen regionalen Räte natürlich auch beschließen, die Entsendung ihres Ratsbotschafters immer mit einer bestimmten Laufdauer - sagen wir von maximal vier Jahren - zu versehen.

Ebenfalls wäre es dem Obersten Basisdemokratischen Rat Germaniens zur eigenen Entlastung möglich, weitere Gremien oder Expertenkomitees vorübergehend einzuberufen oder fest zu installieren.

1. Sonntags wäre freiwilliges Familienthing.

2. Montags setzen sich auf Einladung die Familien einer Straße zusammen, regelten beispielsweise das jährliche Straßenfest und bestimmten über ihre gemeinsamen Richtlinien bei allen anstehenden Fragen höheren Interesses.

3. Am folgenden Dienstag setzen sich großraumweit die Räte aller Kommunen aus den Ratsbotschaftern aller Nachbarschaften und/oder Straßen zusammen und bestimmten ihre kommunalen Angelegenheiten.

4. Bei dieser Überlegung wurde von einer durchschnittlichen Anzahl von 30 Straßen pro Kommune ausgegangen wurde. In Städten wäre die Situation mit dem gleichen Prinzip aufgrund der höheren Straßenanzahl etwas anderes zu regeln, beispielsweise über einen mittwochs dazwischen geschobenen Rat der Stadtteile. Donnerstags käme es dann zu den städtischen Ratstreffen.

5. Sagen wir nun, die Kommunen und insbesondere auch die Städte hätten ihre Entscheidungen getroffen, so käme es am Freitag bereits zu den Ratsversammlungen der Landkreise.

6. Danach tagten samstags die Regionen, montags die Großräume, mittwochs die Territorien und freitags würden die gesamteurasischen Belange besprochen, bestimmt und entschieden.

Egal, wie man also an die Sache herangeht, man kommt immer zu praktikablen Ergebnissen, da genug Spielraum in alle Richtungen vorliegt!

(12) An eine Erweiterung dieses basisdemokratischen Rätesystems auch in einem <<Bund souveräner europäischer Völker>> bzw. des kompletten eurasischen Kulturraums (beispielsweise in einem Eurasischen Rat) sowie eines <<Internationalen Völkerbundes>> anstelle der UNO kann und sollte selbstverständlich gedacht werden.

(13) Bei weiterem Beratungsbedarf zur Konsensbildung innerhalb jeden Rates können zusätzliche Termine beschlossen werden. Beratschlagt wird bis zur weitestgehenden Konsensbildung und gemeinschaftlichen Beschlussfassung „ohne schwerwiegende Einwände"! Scheinbar widerstreitende Bedürfnisse sind hierbei zu eruieren und in Ausgleich zu bringen!

Kommentar des Verfassungskollektivs: Eine Rückmeldung an den nächsthöheren Rat könnte also immer auch sein: Wir benötigen noch mehr Zeit und werden unsere Position erst in einem Monat einbringen. Insgesamt aber wird sich herausstellen, dass in basisdemokratischer Entscheidungs-findung wesentlich schnellere Entschlüsse gefasst werden können, als in einer sogenannten parlamentarischen Demokratie, wo sie oft Jahre benötigten. Zugleich sind die gefassten Beschlüsse nachhaltiger, da sie von einer breiten Mehrheit getragen werden. Ebenfalls wird sich herausstellen, dass Konsensbildung in 99,9 % der Fälle möglich ist, wenn man auf die jeweils anderen mit offenem Herzen zugeht!

(14) Die Räte nehmen auf ihrer jeweiligen Ebene sämtliche kommunalen, städtischen, provinzialen, regionalen und staatlichen Ordnungsaufgaben war.

(15) Zur Aufgabe des Obersten Basisdemokratischen Rats gehört ferner die nationale Steuerverwaltung.

(16) III.2. (15) DV gilt auf den entsprechenden unteren Verwaltungsebenen analog.

(17) Bei Entscheidungen auf höherer Ebene wird jeweils immer ein Gesandter ("Ratsbotschafter") der nächstunteren Räte in den nächsthöheren Rat geschickt, wo er ausschließlich die Interessen seines Rates vertritt. Siehe bereits: III.1. (5) DV.

(18) Der Ratsbotschafter interpretiert dieses imperative Mandat nicht in rücksichtsloser, egoistischer Weise, sondern immer mit der Bereitschaft, neue Übereinstimmungen zu finden und Kompromisse zu treffen, welche langfristig dem Wohle aller dienen. Dies ist seine Aufgabe.

(19) Sodann haben die Ratsbotschafter das auf nächsthöherer Ebene im Konsens Besprochene erneut ihren nächstunteren Räten vorzulegen. Sind alle einverstanden, gilt die Entscheidung als getroffen. Ansonsten beginnt eine neue, zweite Runde. Siehe bereits: III.2. (7) 10.

Kommentar des Verfassungskollektivs: Was hier zunächst vielleicht etwas kompliziert, da ungewohnt, erscheint, ist in Wirklichkeit ganz einfach. Innerhalb von nur zwei Wochen kann theoretisch jegliche Entscheidung - selbst im nationalen Maßstab - gemeinsam vom Volk und seinen Räten gefunden und getroffen werden. Wichtig ist, dass die Ergebnisse zum Schluss den wahren Bedürfnissen der Menschen entsprechen. Insofern arbeiten funktionierende Räterepubliken - wie bereits festgestellt - nicht nur schneller und nachhaltiger, sondern sie sind insgesamt wesentlich effizienter zudem auch noch kostengünstiger als die sogenannten parlamentarischen Demokratien.

Die Räterepublik ist die uns Menschen gemäße Form der Selbstverwaltung! Sie wurde geschichtlich gesehen leider zumeist von den herrschenden Klassen unterdrückt, deren Interessen nach eigenem Machterhalt sie zuwiderlief.

(20) Jegliche durch die Räte getroffenen Entscheidungen können im gleichen basisdemokratischen Konsensverfahren auch wieder alterniert oder gänzlich revidiert werden. Das basisdemokratische System ist flexibel.

(21) Rechtssicherheit entsteht aus Sitte und Bewusstsein und nicht aus hölzernen Paragraphen.

Kommentar des Verfassungskollektivs: Wer einmal die Funktionsweise und konsensorientierte Entscheidungsfindung der Räte begriffen und erlebt hat, wird sich nichts anderes mehr wünschen. Treu und Glauben werden obsiegen! Es ist einen Versuch wert! Macht die Verfassung publik!

(22) Jeder Volksrat besteht idealerweise etwa immer aus minimal drei und maximal dreiunddreißig Mitgliedern. Volksräte, die diese Anzahl übersteigen, sind zu teilen.

(23) Jeder Rat beschließt aus sich selbst heraus, ob nunmehr weitere ständige Gremien oder Verwaltungsformen notwendig sind oder nicht. Zudem entscheidet er selbstständig über seine jeweiligen Vertreter („Ratsbotschafter") im nächsthöheren Rat.

(24) Die ernannten Ratsbotschafter können im Sinne der Basisdemokratie alternieren. Zudem können sie jederzeit von ihrem entsendenden Rat zurückbeordert werden.

Kommentar des Verfassungskollektivs: Sollte ein Gesandter im nächsthöheren Rat nicht die Belange und Beschlüsse seines Rates vertreten, wird er das nächste Mal einfach wieder abgesetzt und eine andere Person wird geschickt. Jeglicher rein persönlicher Interessenvertretung zur bloßen Sicherung eigener Pfründe wird so bereits im Ursprung Grund und Boden entzogen.

(25) Jede Ratsentscheidung wird im „weitestgehenden Konsens ohne schwerwiegende Einwände" gefällt! Es gilt daher immer die Bedürfnisse jedes einzelnen Ratsbotschafters und des von ihm vertretenden Rates zu berücksichtigen und in Übereinstimmung zum Wohle aller zu bringen.

Kommentar des Verfassungskollektivs: In dieser Konsensbildung liegt die ultimative Kunst gesellschaftlicher Organisation, welche sich zu unterschiedlichen Anteilen aus Empathie, grundsätzlichem Wohlwollen, gegenseitigem Verständnis, Bewusstsein, Philosophie, Psychologie, Diplomatie, Wertschätzung (Respekt!), gewaltfreier Kommunikation und einigem anderen mehr zusammensetzt. Es ist dies die Kunst der wahren Demokratie, welche keine Parteien mehr kennt! Es geht nunmehr primär um Kooperation und weniger um Konkurrenz.

(26) Gelingt es einem Rat ausnahmsweise nicht, zu einem Konsens zu gelangen, verliert er seine Stimme im nächsthöheren Rat. Dieser wird sodann für ihn mitentscheiden! Gleiches gilt, wenn sich noch keine untergelagerten Räte gebildet haben. Sollten allerdings gemäß III.2. (7) 5. DV keine ausreichende Anzahl an Mitgliedern für die Konstituierung eines Volksrates zustande kommen, wird dieser erneut als transitorischer Rat für alle Betroffenen geöffnet. Siehe bereits: III.2. (7) 6.

(27) Jegliche Mitarbeit in entsprechenden Räten erfolgt ehrenamtlich. Die Bezahlung eines entsprechenden Verdienstausfalles kann jedoch geregelt werden.

(28) Es gilt anhand der in III.2. DV beschriebenen basisdemokratischen Entscheidungs-findungsprozesse in der Praxis zu lernen und ihre Abläufe mit entsprechenden Erfahrungswerten so effektiv wie möglich zu gestalten, ohne an zugrundliegender Transparenz und Rücksprache zu verlieren.

Kommentar des Verfassungskollektivs: Es kann nicht Sinn und Zweck einer gelebten Räterepublik und Demokratie sein, alles bis ins kleinste Detail zu regeln. Das ginge am Leben vorbei. Wichtig ist es allerdings, dass das zugrundeliegende Konzept von Freiheit, Gerechtigkeit und Demokratie für alle von möglichst vielen Mitstreitern verstanden und gewissermaßen auch verinnerlicht wird! Gegebenenfalls auftretende Unstimmigkeiten oder strukturelle Probleme können mithilfe dieses natürlichen Grundverständnis einfach überwunden werden! Letztlich ist alles nur eine Frage vom Bewusstsein!

(29) Prognose: Der Mensch als ehemals systematisch unterdrücktes und angstgetriebenes und damit gierig und egoistisch handelndes Wesen wird - durch den in III.2 DV gestalteten grundlegenden Systemwechsel hin zu Mitbestimmung in einer konsensorientierten Basisdemokratie - in sich die Wirkkräfte der Liebe, der Solidarität und des Mitgefühls entdecken und entfalten können.

(30) Es ist sogar davon auszugehen, dass mit Einführung und Verwirklichung basisdemokratischer Entscheidungsfindungsprozesse alle Katastrophenszenarien der untergehenden babylonischen Welt wie Hunger, Armut, Krieg, Umweltverschmutzung, nicht-regenerierbare Kreisläufe, hohes Flüchtlingsaufkommen, klimatische Katastrophen et cetera schon bald der Vergangenheit angehören!

Kommentar des Verfassungskollektivs: Was könnte es Besseres auf der Welt geben? Ganz ehrlich? Wollen wir nicht alle tief in uns das gleiche? Frieden, Freiheit, Gerechtigkeit, Wahrheit, Gesundheit, Wohlstand und Liebe sind ein Teil unserer menschlichen DNA! Wir sind eine Menschheitsfamilie!

III.3. Volksentscheide und -wahlen (Volksrecht)

(1) Direkte Volksentscheide sind Volksrecht. Sie stellen eine natürliche Art der Beschlussfassung dar, welche lediglich noch von den basisdemokratisch im Kreis getroffenen Konsensentscheidungen der Räte überflügelt, aufgehoben oder abgeändert werden können.

(2) Dem gegenüber haben sich Parteien und die sogenannte „parlamentarische Demokratie" als historischer Um- oder Irrweg herausgestellt.

(3) Volksentscheide können zu allen Themen durchgeführt werden. Lediglich Verfassungsänderungen per Volksentscheid sind nicht möglich, sofern diese Option in der <<Deutschen Verfassung>> nicht ausdrücklich vorgesehen wurde.

(4) Volksentscheide können auf allen offiziellen Verwaltungsebenen vom Stadtviertel oder der Ortschaft bis zur Nation durchgeführt werden.

(5) Alle Volksentscheide behalten solange ihre Gültigkeit, bis sie entweder im Anschluss noch einmal im basisdemokratischen Entscheidungsverfahren abgeändert, aufgehoben oder bestätigt werden oder aber durch das Volk selbst in erneuter freier Wahl revidiert werden.

Kommentar des Verfassungskollektivs: Ein Volksentscheid greift auch dann, wenn sich die zuständigen Räte (ausnahmsweise) einmal nicht einigen können.

(6) Ein dem Volksentscheid verwandtes Verfahren ist die direkte Volkswahl. Sie besitzen die gleiche Wertigkeit.

(7) Alles Weitere zeigt die Praxis und kann in entsprechenden Gesetzen oder Verordnungen noch einmal schriftlich ausgestaltet werden.

Kommentar des Verfassungskollektivs: Dies betrifft u.a. die territoriale Zuständigkeit, die Mindestanzahl abgehebener Stimmen oder auch die Häufigkeit entsprechender Volksentscheide. Rein theoretisch wäre es beispielsweise möglich zu regeln, dass Volksentscheide mit nur 50-55% Mehrheit der abgegebenen Stimmen nach einem Jahr, mit der Mehrheit von 55-65% der Stimmen nach zwei Jahren und mit der Mehrheit von über 65% erst nach vier Jahren wiederholt werden können. Hierüber müsste jeweils auf den entsprechenden Ebenen entschieden werden.

(8) Möglichkeiten eine kontrollierten digitalen Abstimmung können geschaffen werden, sofern hierbei jeder die Möglichkeit zu überprüfen erhält, ob seine persönliche Stimme auch wirklich richtig gezählt und ausgewertet wurde.

III.4. Hoheitliche Vertretung

(1) Der deutsche Kaiser ist der oberste Repräsentant der Republik Freies Deutschland. Er ist jeweils nach den gültigen Regeln der Herrschaftsnachfolge von einem eigens hierzu vom deutschen Hochadel einberufenen Expertenkomitee - in Erbfolge oder freier Wahl - zu bestimmen.

(2) Die Bestimmung des deutschen Kaisers hat im gesamtnationalen Interesse und zum Wohle des deutschen Volks zu geschehen.

(3) Die abschließende Ernennung des deutschen Kaisers und dessen Vereidigung auf die <<Deutsche Verfassung>> erfolgt durch den deutschen Obergoden (siehe: IV. DV) in Frankfurt am Main. Auf eine Krönungszeremonie wird verzichtet, da die eigentliche Souveränität beim Volk verbleibt. Sodann wird der deutsche Obergode dem Kaiser nur noch beratend zur Seite stehen.

Kommentar des Verfassungskollektivs: Vedische Gesellschaften wurden immer auch von einem weisen Stammesoberhaupt geleitet oder repräsentiert. Dieses wiederum hatten zumeist mindestens einen Volksberater (hier: „Gode" genannt) zur Seite. Erst späterhin erfolgte eine strikte Einteilung in weltliche und geistige Macht, die bis 2020 zum andauernden Umwertung aller wahren Werte führte.

(4) Der deutsche Kaiser repräsentiert die Republik Freies Deutschland. Er steht nach außen hin als Garant für die deutsche Rechtsstaatlichkeit und Souveränität und nach innen für Einigkeit und Recht und Freiheit.

(5) Deutschland wird international durch einen rechtmäßigen Kaiser vertreten. Sein Wort gilt solange, bis es entweder von einer Volksabstimmung oder vom Obersten Basisdemokratischen Rat dementiert wird.

(6) Bei allem, was er tut, hat sich der deutsche Kaiser jederzeit als oberster Diener seines Volks zu fühlen und im Interesse der deutschen Stämme und Völker zu handeln.

(7) Einseitige Verfassungsänderungen durch den deutschen Kaiser bleiben per Verfassung ausgeschlossen.

Kommentar des Verfassungskollektivs: Die Deutschen werden in ihrer überwiegenden Mehrheit hinter dem Kaiser stehen, solange er/sie selbst sich als oberster Diener seiner Nation begreift und danach handelt.

(8) Die vornehmliche Aufgabe des deutschen Kaisers wird es zunächst sein, mit allen willigen Nationen einen noch immer ausstehenden, international gültigen Friedensvertrag im Sinne der deutschen Stämme und Völker auszuhandeln und zu unterzeichnen und so den seit dem Zweiten Weltkrieg fortbestehenden Kriegszustand endlich zu beenden. Hierzu könnte eine erneute Jalta-Konferenz einberufen werden(!)

(9) Des Weiteren werden gemäß dieser Verfassung die folgenden dreizehn Forderungen an den deutschen Kaiser gestellt:

1. Der Kaiser hat in allen Belangen bedingungslos wahrhaftig, ausgleichend und weise zu agieren!

2. Der Kaiser hat per Eildekret alle mit dem sogenannten dritten Reich in Verbindung stehenden Straftatbestände, wie das Zeigen und/oder Verwenden bestimmter Grüße oder Symbole, zu streichen. Entsprechende Verfahren werden eingestellt. Deshalb Inhaftierte werden begnadigt. Eine rückwirkende Vergütung der Verurteilten findet allerdings nicht statt.

3. Der Kaiser hat sich für die ausstehenden Friedensverträge und das bedingungsloses Vergeben aller Kriegsparteien zu engagieren!

4. Der Kaiser hat die bedingungslose Akzeptanz der deutschen Grenzen von 1990 nach innen und außen hin zu vertreten und zu verteidigen!

5. Der Kaiser hat sich für die Versöhnung und Rechte aller Deutschen einzusetzen!

6. Zugleich steht der Kaiser Garant für restriktive und strikte Qualitätskriterien bezüglich einer weiteren Einwanderung nach Deutschland bei gleichzeitigem Schutz der deutschen Außengrenzen!

7. Ein Teil der kaiserlichen Arbeit wird es sein, wieder ein gesundes deutsches Volkstums in Deutschland zu fördern und jeglicher Art von Anti-Germanismus und sonstigem abwertenden Rassismus entgegen zu wirken! Der deutsche Schuldkult wird beendet! Jedes Volk zählt!

8. Die Bundeswehr wird dem Oberbefehl des Kaisers gestellt. Er hat mit ihrer Hilfe die deutschen Grenzen gegen jegliche Übergriffe zu verteidigen. Hierfür wird ihm ein Etat in Höhe von einem Prozent des gesamten nationalen Steueraufkommens bewilligt. Historische Bezüge im Heer dürfen wieder gepflegt werden. Auslandseinsätze der Bundeswehr bleiben allerdings per Verfassung verboten!

9. Der Kaiser vertritt konsequent das absolute Verbot deutscher Waffenexporte ins Ausland!

10. Der Kaiser steht gerade für die Rückkehr zur nationalen Währung einer Staatsbank!

11. Der Kaiser steht gerade für das bedingungsloses nationale Grundeinkommen aller Deutschen!

12. Auf internationaler Ebene setzt sich der Kaiser für eine Umwandlung der EU in einen Bund souveräner europäischer Völker sowie für eine enge Freundschaft mit Russland ein!

13. Der Kaiser steht mit seiner ganzen Person für einen basisdemokratischen Neuanfang in Deutschland, Europa, Eurasien und der Welt!

(10) Verstößt der deutsche Kaiser gegen eines dieser dreizehn Gebote, so kann er vom deutschen Volk per Volksentscheid abgewählt werden. Die Bestimmung oder Wahl des nächsten deutschen Kaisers würde so an den deutschen Hochadel nach III.4. (1) und (2) DV zurückgegeben.

(11) Sollte sich ein adliges Expertenkomitee zur Bestimmung des deutschen Kaisers nicht innerhalb von 100 Tagen nach offizieller Annahme der <<Deutschen Verfassung>> bilden oder einigen können, so werden die kaiserlichen Aufgaben kommissarisch vom deutschen Obergoden übernommen.

(12) Der deutsche Obergode übernimmt in diesem Fall solange die kaiserlichen Aufgaben, bis sich das adlige Expertenkomitee doch noch einigt oder seine Unfähigkeit zur Bestimmung erklärt oder diese allgemein erkannt wird. In diesem Fall würde der nächste deutsche Kaiser in direkter Wahl aus dem Volk bestimmt.

(13) Der deutsche Kaiser muss seiner Ernennung im Vorfeld formal zustimmen. Sodann erfolgt diese - mit Ausnahme von III.4. (10) DV - immer auf Lebenszeit. Er kann jedoch auch vorher abdanken.

(14) Analog zum deutschen Kaiser sollen sich die Adligen auch über die jeweilige Stammesfürsten einigen, die die autonomen deutschen Regionen (Bundesländer) vertreten, sofern sie zu diesen einen historischen Bezug aufweisen und nach eigener Reglung zuständig sind.

(15) Gleiches gilt für die Provinzgrafen der Landkreise.

(16) Es erfolgt eine einmalige Vereidigung der jeweiligen hoheitlichen Vertreter auf die <<Deutsche Verfassung>> durch deren beigeordneten Goden (siehe: I.4. DV). Sodann stehen diese den Hoheitsträgern nur noch beratend zur Seite.

(17) Findet sich aus dem Adel heraus binnen 100 Tagen kein geeigneter Vertreter auf regionaler und provinzialer Ebene für die jeweils vorgegebene Gebietseinheit, so wird dessen Aufgabe kommissarisch von den regionalen und provinzialen Goden übernommen. Die Reglung von III.4. (11) DV gilt dann analog.

(18) Sollten die tradierten Stammesfürsten und Provinzgrafen aus dem „alten Erbadel" ihren neuen Aufgaben nicht gerecht werden, so können sie von einer Zweidrittelmehrheit des entsprechenden Wahlvolks abgewählt und durch „neuen Wahladel" ersetzt werden, der in diesem Fall die hoheitliche Vertretung der jeweiligen Provinzen und Regionen übernimmt.

(19) Wie der deutsche Kaiser werden auch Stammesfürsten und Provinzgrafen - mit der Einschränkung von III.4. (18) DV - auf Lebenszeit ernannt, es sei denn sie würden zuvor aus eigenen Stücken abtreten.

(20) Mit dem Abdanken oder Tod eines Kaisers (Nation), Stammesfürsten (Region) oder Provinzgrafen (Provinz) findet, sofern er dem neuen Wahladel angehörte eine Neuwahl mit dem entsprechenden Wahlvolk statt oder aber es greift - sofern er dem alten Stammesadel angehörte - die tradierte Erbfolge. Über Zweites bestimmt der deutsche Adel selbst.

Kommentar des Verfassungskollektivs: Anders als beim alten Erbadel findet beim neuen Wahladel keine Übertragung des Titels auf nachrückende Familienangehörige statt. Dies bedeutet perspektivisch, dass mit dem Aussterben der letzten deutschen Erbadelslinie hoheitliche Aufgaben weiterhin nur noch vom Wahladel vertreten werden. Dieser besteht aus einzelnen jeweils vom Volk gewählten Personen und nicht mehr aus adligen Familien der Vergangenheit. Sollte sich diese Reglung nicht als langfristig stabilisierend erweisen, weil sich das Volk nach verantwortungsbewusstem Erbadel sehnt, wäre es möglich, die vom adligen Expertenkomitee ausgearbeiteten Regeln der Erbfolge nach basisdemokratischen Entscheidungsverfahren auch auf den neuen Adel anzuwenden, der so ebenfalls zum „Erbadel" würde. Zunächst wird es jedoch wichtigere Aufgaben geben(!)

(21) Die kaiserlichen Anweisungen nennt man Dekret. Jene der Stammesfürsten und Provinzgrafen Erlasse. Das nationale kaiserliche Dekret bricht die Erlasse der regionalen Stammesfürsten; diese wiederum die Erlasse der Provinzgrafen.

(22) Der deutsche Kaiser sowie die jeweiligen Stammesfürsten und Provinzgrafen bezahlen ihre Arbeit für Deutschland ehrenamtlich aus der eigenen Budgetierung. Im Gegenzug dürfen sie kostenfrei alle öffentlichen Verkehrsmittel benutzen sowie an allen öffentlichen Veranstaltungen teilnehmen.

(23) Die Bezeichnungen „Stammesfürst" und „Provinzgraf" werden im Sinne der <<Deutschen Verfassung>> anhand ihrer real existierenden, regionalen und provinzialen Verwaltungseinheiten vergeben.

(24) Jeder Stammesfürst und Provinzgraf kann lediglich für eine Region bzw. Provinz zuständig sein.

(25) Die hoheitlichen Vertretern ihrer territorialen Gebietskörperschaften haben bei den entsprechenden Ratsversammlung das Recht und die Pflicht darauf, bei Bedarf angehört zu werden. Ihnen steht allerdings kein aktives Stimmrecht zu.

III.5. Organisatorische Abschlussbestimmungen

(1) Sofern in ihr nichts anderes vermerkt ist, kann die <<Deutsche Verfassung>> fortan nur noch durch den Obersten Basisdemokratischen Rat abgeändert werden.

(2) Im Aufbau der Republik Freies Deutschland bleiben zunächst - mit Ausnahme der im Folgenden genannten - weiterhin alle Gesetze der BRiD in Kraft, sofern sie dem Inhalt und Geist der <<Deutschen Verfassung>> nicht widersprechen, wobei das höherrangige Verfassungsrecht jegliches niederrangiges Recht, also beispielsweise auch Verwaltungs- oder Strafrecht, bricht.

(3) Folgende Gesetze werden mit sofortiger Wirkung komplett gestrichen, da sie formal juristisch bereits in der BRiD niemals in Kraft waren:

1. Einkommenssteuergesetz (EStG)

Kommentar des Verfassungskollektivs: Das EStG wurde von Adolf Hitler am 16.10.1934 rechtswidrig eingeführt und von General Dwight D. Eisenhower bereits mit dem Kontrollratsgesetz Nr.1 vom 18.09.1944 wieder aufgehoben. Es wurde dennoch von der BRiD weiterverwendet.

2. Ordnungswidrigkeitengesetz (OWiG)
3. Zivilprozessordnung (ZPO)
4. Strafprozessordnung (StPO)

Kommentar des Verfassungskollektivs: Die Gesetze (3) 2. - 4. sind allesamt ohne Geltungsbereich und daher ungültig, was die BRiD aber nicht störte.

5. Bundeswahlgesetz (BWahlG)

Kommentar des Verfassungskollektivs: Das Bundesverfassungsgericht hat 2012 das BWahlG für erklärt und somit auch alle Wahlen seit 1956 samt aller seitdem erlassenen Gesetze. In der Bananenrepublik BRiD hat dies aber anscheinend niemanden gestört.

6. Betäubungsmittelgesetz (BtMG)

Kommentar des Verfassungskollektivs: Das BtMG widerspricht offensichtlich unserem Grundrecht auf freie Nutzung bewusstseinserweiternder Lehrerpflanzen sowie auf Rausch.

7. Rundfunkstaatsvertrag (RStV)

Kommentar des Verfassungskollektivs: Verträge zuungunsten Dritter - wie das RStV - sind ungültig!

(4) Alle weiteren Gesetze sind nach und nach im Sinne der <<Deutschen Verfassung>> umzugestalten.

(5) Insgesamt ist das gesamtdeutsche Gesetzeswerk zu vereinfachen und zu verschlanken, sodass es auch von einfachen Menschen besser verstanden werden kann. Siehe: V.9. (6) ff. DV.

(6) In Umgang und Handel miteinander ist vermehrt zu Treu und Glauben (§ 242 BGB) zurückzukehren und auch juristisch darauf als eines der obersten Erfordernisse abzustellen. Das gesprochene Wort und die mündliche Vereinbarung sollen wieder einen größeren Stellenwert im Leben der Menschen erhalten. Verträge müssen nach Möglichkeit klar und verständlich verfasst sein.

(7) Die Sprache des Rechts ist heilige Sprache. Sie hat sich an Wahrheit und Liebe zu orientieren. Darüber hinaus bleibt die Vertragsfreiheit unangetastet.

(8) Im juristischen oder moralischen Zweifelsfall wird immer den neuen, basisdemokratischen und verfassungsrechtlichen Reglungen der Vorzug einzuräumen sein.

(9) Die deutsche Verwaltung, Justizapparat und sämtliche Behörden werden in diesem Sinne umzuformen oder gänzlich aufzulösen sein(!)

(10) Der Beamtenstatus wird mit Einführung der <<Deutschen Verfassung>> aufgehoben und abgeschafft(!)

(11) Auf der städtischen und kommunale Verwaltungsebene werden weiterhin traditionell Oberbürgermeister und Bürgermeistern gewählt und mit entsprechenden Verwaltungsaufgaben betraut.

IV. Das Godensystem

(1) Unter „Gode" versteht man nach isländischem und germanischem Vorbild, jene „Guten" oder „Weisen", die wie hier den Provinzgrafen, Stammesfürsten und dem Kaiser beratend zur Seite stehen.

(2) In allen Bundesländern (Regionen) wird in direkter Volkswahl jeweils ein sogenannter „weißer Gode" bestimmt.

(3) Diese Goden ihrer jeweiligen Stämme (Regionen) ziehen sich sodann solange zu gemeinsamen Beratungen an die Externsteine, dem spirituellen Zentrums Deutschlands, zurück, bis sie aus ihrer Mitte heraus einstimmig einen „Obergoden" bestimmt haben.

(4) Diese Wahl gilt auf Lebenszeit. Stirbt der deutsche Obergode, wird die Prozedur aus IV. (3) DV wiederholt.

(5) Aus der Region des Obergoden wird vom betreffenden Stammesvolk ein weiterer regionaler Gode gewählt.

(6) Ebenfalls wählt das Volk der jeweiligen Landkreise auch noch entsprechende „bunte Goden" für ihre Provinzen. Diese heißen so, weil sie aus allen Schichten des Volks kommen können.

(7) Die weißen Goden vertreten ihre jeweilige Region solange, bis sich ein geeigneter Stammesfürst aus dem deutschen Adel gefunden hat, dem sie sodann beratend zur Seite stehen.

(8) Diese Reglung gilt analog für die bunten Goden und provinziellen Provinzgrafen.

(9) Jedem Stammesfürst und Provinzgrafen wird infolge dieser Bestimmungen ein direkt aus dem Volk gewählter Vertreter („Gode") zur Seite gestellt.

(10) Das System der Goden kann bis auf die Ebene der Städte (Bürgermeister) und Ortschaften (Ortsvorsteher) ausgeweitet werden.

(11) Mit Ausnahme des deutschen Obergoden können alle Goden jederzeit vom Volk wieder abgewählt und neu bestimmt werden. Ihr freiwilliger Rücktritt wird von der <<Deutschen Verfassung>> nicht vorgesehen.

(12) Jährlich zur Sommersonnwende findet ein dreitägiges Treffen aller Goden in der deutschen Hauptstadt statt, welches Senat genannt wird. Es dient der gegenseitigen Beratung, hat aber keinerlei politische Beschlusskraft.

(13) Mit Ausnahme der Goden wird von der Republik Freies Deutschland kein Geld für politische Ämter bezahlt.

(14) Den Goden sind für ihre beratenden Tätigkeiten statistisch errechnete mittlere Volkseinkommen in drei Gehaltsstufen auszuzahlen.

V. Innere Gestaltung

V.1. Finanzwesen

(1) Es waren die Privatisierung der staatlichen Finanzmonopole und die unermessliche Gier der Kabale, welche zu einer unhaltbaren Schräglage der kompletten globalen Situation mit all ihren Facetten führte.

(2) Als einige dieser Facetten können genannt werden: ungerechte Verteilung, Umweltzerstörung, Vernichtung indigener Völker, Artenschwund, Armut, Kriege, weltweites Elend et cetera.

(3) Im Zuge von FIAT-Geld, Zins und Zinseszins wurden alle menschlichen Werte missachtet und nahezu in ihr komplettes Gegenteil verkehrt.

(4) Verfassungsauftrag: Es wird eine unabhängige deutsche Staatsbank mit eigener nationaler Staatswährung und der Rückkehr zum Goldstandard gegründet. Zins und Zinseszins werden bundesweit abgeschafft und durch eine mögliche Gewinnbeteiligung von maximal 20 % ersetzt. Entsprechende Übergangsreglungen können per kaiserlichem Dekret erlassen werden(!)

Kommentar des Verfassungskollektivs: Nicht das Geld an sich, sondern das System von Zins und Zinseszins auf FIAT-Geld aus privatem Verleih waren - getrieben von der unmenschlichen Gier der Kabale - die Wurzel allen Übels. Dieses verderbte Finanzsystem gehört daher in einer gerechten Welt umgehend abgeschafft. Geldverleih kann auch über eine einfache Gewinnbeteiligung erfolgen.

(5) Beim Goldstandard erfolgt eine Deckung, der sich im Umlauf befindlichen Geldmenge, durch hierfür bestimmte Edelmetalle oder Sachwerte der deutschen Staatsbank. FIAT-Geld wird verboten.

Kommentar des Verfassungskollektivs: Das sich im Umlauf befindliche Geld muss sich zu seiner Stabilität immer an tatsächlich vorhandenen Sachwerten orientieren.

(6) Nach Errichtung der deutschen Staatsbank können und sollen weitere autonome regionale und auch kommunale Banken gegründet werden(!)

(7) Die deutschen Goldvorräte werden - sofern überhaupt noch vorhanden - per kaiserlichem Dekret allesamt nach Deutschland zurückgeholt und dort bis auf Weiteres sicher eingelagert(!)

(8) Alles Weitere wird in der Transitionszeit von einem vom Obersten Basisdemokratischen Rat eingesetzten - an Gesara und Nesara orientierten - nationalen Finanzexpertenkomitee geregelt, welcher seinerseits die entsprechenden Bestimmungen solange dem Volk vorzulegen hat, bis dieses sie mit einer Zweidrittelmehrheit der abgegebenen Stimmen annimmt(!)

(9) Aus dem Euro ist baldmöglichst auszusteigen, da er in ungleichen Wirtschaftsräumen, ohne die Möglichkeit zur Abwertung der eigenen nationalen Währungen, langfristig ohnehin nicht überlebensfähig ist(!)

Kommentar des Verfassungskollektivs: Ein einfacher Lösungsansatz wäre die Rückkehr zu großräumlichen Währungen in „kulturell und wirtschaftlich einheitlichen Gebietskörperschaften"! Bei der Einführung des Euro wurden dieses Stabilitätskriterium bewusst missachtet. Seine entsprechende Gewährleistung im Vorfeld fiele in die Kernkompetenz der entsprechenden Großräume wie beispielsweise dem „germanischen", „skandinavischen", „baltischen" oder „iberischen" um nur ein paar Beispiele zu nennen.

(10) Bargeld bleibt auf jeden Fall erhalten!

V.2. Steuer- und Versicherungssystem

(1) In steuerlicher Hinsicht bestimmt die <<Deutsche Verfassung>> folgende Eckpfeiler für ein gerechteres, ausgewogeneres, finanzielles Wohlergehen aller Deutschen:

1. Die Abschaffung der Einkommenssteuer.

2. Die stärkere Besteuerung von extremem Reichtum in Form von Unternehmensanteilen, Devisen, Ländereien, Bodenschätzen, Fabriken oder anderen Produktionsmitteln.

3. Die Verringerung der Gesamtsteuerlast für die mittleren Einkommensklassen auf maximal 20% ihres Einkommens sowie für die unteren Einkommensklassen auf lediglich 10% ihres persönlichen Gesamteinkommens.

Diese Vorhaben sind schrittweise durch eine stete, ausgewogene und somit gerechte Umverteilung von oben nach unten bei einer gleichzeitigen radikalen Vereinfachung des gesamten Steuersystems zu erreichen. Die notwendige nationale Steuerreform wird begleitet von der Einführung eines zweckgebunden Spendensystems anstelle von Steuergeldern oder sonstigen Abgabeverordnungen.

Kommentar des Verfassungskollektivs: Das komplette bundesdeutsche Steuersystem sollte mittelfristig komplett durch ein freiwilliges Spenden- und Leistungssystem ersetzt werden. Nur um ein Beispiel zu geben: Soll eine Straße ausgebessert werden, so können hierfür von all jenen Menschen Spendengelder gesammelt werden, die daran Interesse haben. Kommt das Geld zusammen, war das Interesse groß genug. Ansonsten muss man eben mit dem Schlagloch leben oder es selbst ausbessern. Grundsätzlich ist aber davon auszugehen, dass wenn dem Bürger durch allgemeine Steuersenkungen wieder mehr Geld zum Leben bleibt, er sich auch gerne finanziell an aus seiner Sicht sinnvollen Investitionen beteiligt.

4. Die Einführung eines bedingungslosen Grundeinkommens, welches allen Deutschen auch ohne weiteres Einkommen Überleben und weitere Teilhabe am öffentlichen Leben ermöglichen würde. Es wird durch die Abschaffung sämtlicher wettbewerbsverzerrender Subventionen und sonstiger sozialer Zuwendungen gegenfinanziert.

Kommentar des Verfassungskollektivs: Das bedingungslose nationale Grundeinkommen zur freien Entfaltung aller Menschen gehört umgehend eingeführt! Ein Mensch, der sich nicht aus Angst einer ihm ungeliebten Arbeitstätigkeit hingeben muss und sie ohne besondere Hingabe erledigt, sondern weiß, dass er jederzeit in seinen Grundlebensbedingungen abgesichert ist, wird das Beste aus sich herausholen. Er wird in jenen Tätigkeiten erfolgreich sein, die ihm ohnehin am Herzen liegen und worin er gut ist. Wir erinnern uns: „Der Staat ist um des Menschen willen da, nicht der Mensch um des Staates willen!" Finanzpolitik ist immer auch Sozialpolitik!

(2) Steuern dürfen sowohl auf kommunaler, provinzialer, regionaler und nationaler Ebene erhoben werden, welche hierüber in verbindlicher Absprache stehen, um die geforderte maximale Gesamtsteuerlast nach V.2. (1) 3. DV nicht zu überschreiten.

(3) Für die Transitionsphase ist eine Verdopplung der von der <<Deutschen Verfassung>> geforderten maximale Gesamtsteuerlast nach V.2. (1) 3. DV möglich.

Kommentar des Verfassungskollektivs: In der Endphase der BRiD lag die Steuerlast durchschnittlich bei etwa 70% des individuellen Gesamteinkommens. Im Mittelalter mussten die Bürger lediglich den überlieferten „Zehnt" zahlen, wenn auch manchmal sowohl an die weltliche Macht (Landesfürst) als auch an die geistliche (Bistum). Wer nichts hatte, leistete entsprechend Frondienst.

(4) Der restliche Finanzbedarf ist über projektgebundene Spenden und weitere kreative Aktionen zu finanzieren. Dies wird in der Realität kein Problem darstellen, da sich die insgesamt zur Verfügung stehende Geldmenge nicht verringert.

(5) Bei steuerlichen Ausgaben, die 2% des gesamten Haushalts der jeweiligen Verwaltungseinheiten übersteigen, muss zuvor nochmals der entsprechende Wohnbevölkerung die Möglichkeit zu einer Volksabstimmung eingeräumt werden.

(6) Durchgängig sind freiwillige Versicherungsmöglichkeiten anstelle von Zwangsversicherungen einzuführen.

Kommentar des Verfassungskollektivs: "Freiwillige Pflichtversicherung" - allein der Name spricht Bände! Wir haben es hierbei mit einer zutiefst menschenunwürdigen Maßnahme und Zwangsversicherung zu tun! Ein Recht auf Versicherung: Ja! Eine Pflicht: Niemals! Eine solche widerspricht allen universellen Gesetzmäßigkeiten.

V.3. Wirtschaftssystem

(1) Das deutsche Wirtschaftssystem ist aus regionaler, volkswirtschaftlicher und globaler Sicht ethisch, tiefenökologisch und innovativ zu gestalten.

(2) Für ein nachhaltiges Wirtschaften im Hinblick auch auf kommende Generationen werden folgende Verfassungsziele als Richtlinien festgeschrieben:

1. Der Ausbau energieeffizienter, nachhaltiger Wirtschaftsweisen ist zu fördern!

2. Regionale und saisonale Wirtschaftskreisläufe sind nachhaltig zu stärken!

3. Permakulturelle Ansätze sind nicht nur durch regionale Landreformen zu ermöglichen (siehe: V.4.), sondern zugleich durch nationale Schulungen zum Anlegen permakultureller Familienlandsitze zu fördern!

4. Die Gründung von Familienlandsitzsiedlungen sollte neben der flächendeckenden Einführung von Permakultur zugleich einen vedischen Lebensstil begünstigen!

Kommentar des Verfassungskollektivs: Die entstehenden Familienlandsitzsiedlungen werden Deutschland mit vedischer Volkskultur und Kreativität geradezu überschwemmen. Die deutschen Landschaften werden erblühen und ausreichend kreativen Erholungsraum auch für Städter schaffen.

5. Es gilt die Erkenntnis zu stärken, dass das Glück der Deutschen (= *„Bruttoglücksprodukt"*) wichtiger ist als der Gewinn der Konzerne (= *„Bruttoinlandsprodukt"*). Entsprechend gilt es zu wirtschaften!

Kommentar des Verfassungskollektivs: Das oberste Ziel allen Wirtschaftens ist nicht die Gewinnmaximierung oder Steigerung von Reichtum, sondern das Lebensglück und die finanzielle Freiheit aller Menschen.

6. Die deutsche Wirtschaftspolitik ist an der Schaffung und Erhaltung eines einheitlich freien, eurasischen Wirtschaftsraums interessiert und steht daher mit anderen europäischen Staaten sowie Russland in enger Kooperation und Absprache, wenn auch ohne hierfür eigene Grundüberzeugungen aus V.3. zu opfern!

(3) Tiefenökologie ist eine spirituelle, ganzheitliche Umwelt- und Naturphilosophie, die ein Leben im Einklang mit der Natur anstrebt. Sie bedeutet indessen keine zwanghafte Rückkehr zu früheren Lebensweisen, sondern mit modernste Technologie zu wirtschaften, so dass ein hoher Lebensstandard bei gleichzeitigem Schutz und Erhalt aller naturräumlichen Lebensbedingungen erreicht wird.

(4) Ein Schlüsselbaustein gesamtgesellschaftlichen tiefenökologischen Wirtschaftens ist die Recyclebarkeit aller hergestellten Güter in ihre Grundbestandteile (*„cradle to cradle"*) und eine entsprechende Wiedernutzung.

(5) In innovativer Hinsicht soll und wird Deutschland als Hochtechnologieland erhalten bleiben.

Kommentar des Verfassungskollektivs: Wenn auch ein großer Teil Deutschlands durch die überall entstehenden Familienlandsitze und Familienlandsitzsiedlungen ländlich geprägt und in bunter Vielfalt zersiedelt wird, wird in den Ballungszentren und Städten nach wie vor auf höchstem Niveau geforscht und produziert werden.

(6) Insbesondere in den Bereichen erneuerbare Energien, Frequenzmedizin, Recycling, Permakultur, Nanotechnologie sowie der Raumfahrt soll die Republik Freies Deutschland zu einer führenden Nation ausgebaut werden, wenn auch immer unter Einhaltung aller ethisch-spirituellen und tiefenökologischen Standards.

Kommentar des Verfassungskollektivs: Sobald Deutschland und die Welt von der Kabale befreit und befriedet sind, wird das menschliche Verlangen steigen, neue Technologien jeweils immer nur für das Leben einzusetzen und nicht mehr gegen dasselbe zu verwenden. „Für das Leben" bedeutet für Heilung, Entwicklung und Vielfalt, wobei unter Vielfalt wahre, verbundene Vielfalt der Wesen, Völker und Menschen verstanden wird und nicht jene künstliche NWO-Spaltung in widerstreitende Interessensgruppen bei gleichzeitiger Nivellierung allen Lebens. Verstöße gegen diese einfachen Grundprinzipen werden unter Strafe gestellt.

(7) Forschung an-sich kann nicht verboten werden! Sie bleibt frei zu stellen, sofern hierdurch weder Mensch noch Tier gefährdet wird oder zu Schaden kommt.

Kommentar des Verfassungskollektivs: Entsprechende Tierversuche werden hiermit verboten.

(8) Das für innovative Forschung notwendige Geld wird auf freiwilliger Basis von allen hieran interessierten Bürgern nutzungsgebunden gespendet.

(9) Von der <<Deutschen Verfassung>> werden folgende konkrete Aufträge an unser gemeinsames Wirtschaftssystem gestellt:

1. Das übergeordnete Wirtschaftsziel der Republik Freies Deutschland ist eine Rückkehr zur regionalen und nationalen Autarkie!

Kommentar des Verfassungskollektivs: Derartige Bestrebungen gibt es auch in Österreich oder der Schweiz. Sie entsprechen einer natürlichen Selbstbehauptung.

2. In der Landwirtschaft werden Pestizide, Fungizide und andere Mittel nur dann zugelassen, wenn nachweislich mit keinerlei Schäden für die Menschen zu rechnen ist!

3. Gleiches gilt für jedwede (neue) Technologien!

Kommentar des Verfassungskollektivs: Solange die Auswirkungen der 5G-Technologie nur unzureichend erforscht wurden, bleibt diese per Verfassung verboten!

4. Alle bereits bestehenden zugelassenen Patente, Grenzwerte und Inhaltsstoffe werden auf Antrag erneut nach ethischen, ökologischen und gesundheitlichen Standards der neuen Zeit überprüft und gegebenenfalls nachträglich verboten, sofern es individuell nicht möglich ist, die Auswirkungen der genannten Dinge auf sein eigenes Leben grundlegend auszuschließen.

Kommentar des Verfassungskollektivs: Es geht nicht darum eine Ökodiktatur mit entsprechenden Verboten zu errichten, sondern darum allen Menschen in Deutschland ein glückliches und gesundes Leben zu ermöglichen! Es wird daher bevorzugt auf Eigenverantwortung abzustellen sein!

5. Wirtschaft hat den Menschen zu dienen und nicht umgekehrt. Daher wird der stete Versuch, das *Bruttoglücksprodukt* zu steigern hiermit als verbindliches Verfassungsziel festgeschrieben! Siehe bereits V.3. (2) 5.

6. In der Städteplanung ist die Restauration und Umnutzung bestehender Bauwerke dem Abriss und/oder Neubau vorzuziehen. Ein entsprechendes Gesetz ist zu erlassen!

7. Zur Verschlankung aller Abläufe werden die sofortige Abschaffung der Sommerzeit und ein entsprechender Ausstieg aus der jährlichen Zeitumstellung angeordnet.

(10) Regionale Tauschsysteme sind zu stärken. Lokale Währungen sind zu ermöglichen.

Kommentar des Verfassungskollektivs: Eine effektive Maßnahme zur Stärkung der regionalen Wirtschaft sind kommunale Tausch- und/oder Geldsysteme. Es gilt dem globalen Turbokapitalismus erneut ein natürliches, erdiges Wirtschaften entgegen zu setzen, wollen wir Mutter Erde nicht gänzlich verwüsten. Es geht darum, den Schein zu durchschauen und zum Sein zurückzukehren.

(11) Eine vedische Kultur, die Geschenke bereitet anstatt andere zu verschulden, ist zu fördern.

Kommentar des Verfassungskollektivs: Die Schulden des einen sind immer der Reichtum des anderen. Durch Schulden und die zusätzliche Notwendigkeit, diese mit Zinsen zu begleichen, trieben Babylon und die Kabale die Weltwirtschaft an und bereicherten sich selbst, während breite Menschenmassen verarmten. Eine weitere Folge der allgemeinen Verschuldung war, dass immer mehr produziert werden musste. So wurde z.B. das Abholzen von Wäldern besser entlohnt als das Aufforsten von solchen, und zwar trotz ihrer wichtigen Funktion zur Stabilisierung des globalen Klimas. Wenn man nun aber Schulden durch private Gefälligkeiten und Netzwerke des guten Willens ersetzt, also zu einer natürlichen Dominanz unabhängig von der Geldherrschaft zurückfindet, kommt ein umgekehrter Mechanismus in Gang: Verödete Naturräume erblühen und die Wesen aller Welten werden befreit aufatmen.

(12) Neben den in der <<Deutschen Verfassung>> geregelten Grundsätzen und Einschränkungen ist die nationale Wirtschaft frei.

V.4. Regionale Landreformen

(1) Statistik: Die Wohnbevölkerung Deutschlands beträgt etwa 83.000.000 Menschen. Hierunter sind etwa 8.000.000 Familienhaushalte mit minderjährigen Kindern. Die heutige Fläche Deutschlands beträgt 357.000 km². Errechnete Bevölkerungsdichte: 232,5 Einwohner/km².

(2) Rechenbeispiel: Würde man nun jedem Familienhaushalt mit minderjährigen Kindern in Deutschland einen Hektar Land staatlicherseits ohne weitere Abgaben und/oder Steuern zur freien Bewirtschaftung zur Verfügung stellen - inklusive lebenslangem Nutzungsrecht sowie der freien Vererbbarkeit (nicht aber Verkäuflichkeit) -, so benötigte man hierfür lediglich 80.000 km², also nur 22 Prozent der Gesamtfläche Deutschlands. Die momentanen Eigentümer wären selbstverständlich ausreichend zu entschädigen(!)

(3) Besonderheiten:

1. Beileibe nicht alle Familien mit Kindern haben Interesse an einem Familienlandsitz, da dieser ja auch bewohnt und bewirtschaftet werden muss, sodass die tatsächlich benötigte Fläche sogar noch einmal weitaus geringer ausfallen würde!

2. Die entsprechende Fläche pro Landsitz kann daher sogar bis zu 1,3 ha (und mehr) betragen, wobei entsprechende Besonderheiten des jeweiligen Geländes zu berücksichtigen sind!

3. Zusätzlicher Raum ist für die Wege und Pisten zwischen den einzelnen Landsitzen einzurechnen, ebenfalls für Gemeinschaftsobjekte wie ein Zeughaus, Seminarräume oder anderen Gebäudebestand. Der zusätzliche Bedarf kann mit 10% Fläche veranschlagt werden!

(4) Feststellung: Wenn es in einem der am dichtesten besiedelten Ländern der Welt wie Deutschland möglich ist, in allen Regionen Landreformen durchzuführen, damit alle Familien mit bis zu 1,3 ha Land ausgestattet werden können, so wäre auch eine globale Landreform mit Einfachheit möglich(!)

Kommentar des Verfassungskollektivs: In Russland wurde bereits 2016 ein entsprechendes Gesetz von Präsident Wladimir Putin abgesegnet, welches die kostenfreie Überlassung eines Hektars als Familienlandsitzes für alle hieran interessierten Familien vorsieht.

(5) Unmittelbare Folgen: Die unmittelbaren Folgen jeder einzelnen Landsitzsiedlung wären die Zunahme der verfügbaren Lebensmittel, der Volksgesundheit, der regionalen Identifikation, der Geburtenzahlen, der Volkskreativität, von gesamtstaatlicher Autarkie und individueller Freiheit et cetera. Außerdem würden Korruption, Kriminalität, Umweltverschmutzung und weitere unliebsame Erscheinungen des zu Ende gehenden eisernen Zeitalters („Babylon") abnehmen(!)

(6) Fazit: Die Lösung aller kommunalen, regionalen, nationalen und globalen Probleme liegt in der Gründung von weltweiten Familienlandsitzsiedlungen und Volkskommunen(!)

(7) Verfassungsauftrag: Es gilt die hier aufgezeigte Chance für die Republik Freies Deutschland und ihre Länder durch regionale Landreformen zu nutzen. So entspricht es dem Auftrag der <<Deutschen Verfassung>>. Entsprechende Gesetze zur Umsetzung sind zu erlassen(!)

V.5. Energie- und Verkehrspolitik

(1) Unsere Umwelt soll auch in ferner Zukunft noch lebenswert und intakt sein!

(2) Es ist die Aufgabe jedes Einzelnen sowie der Kommunen, Regionen und des Staates als Kollektiv seiner Bürger hierfür zu sorgen!

(3) Aus dieser Grundüberlegung ergeben sich folgende Maßnahmen für die deutsche Energie- und Verkehrspolitik:

1. Die sofortige Abschaltung aller Atomkraftwerke! Es findet keine Entschädigung für deren Betreiber statt.

Kommentar des Verfassungskollektivs: Wer nur abkassiert und den Menschen hochgefährlichen radioaktiven Abfall hinterlässt, kann nicht auch noch mit einer Entschädigung rechnen!

2. Die schrittweise Abschaltung aller Kohlekraftwerke!

3. Der Ausbau der erneuerbaren sowie freier Energien im dezentralisierten Maßstab!

4. Kostenfreier öffentlicher Regional- und Nahverkehr und dessen Ausbau; ergänzt durch die Förderung staatlichen Fahrradverleihs und entsprechender Fahrradwege!

5. Erhalt der Dieselfahrzeuge als umweltfreundliche Technologie und Fortbewegungsmittel individueller Freiheit!

Kommentar des Verfassungskollektivs: An einer Ergänzung durch Wasserstoff betriebene Fahrzeuge (mit Brennstoffzelle) sollte geforscht werden. Das Verfassungskollektiv hat darüber hinaus das Bild von einem weltweiten Netz solarbetriebener Gondeln, mit denen zumindest die regionale und globale Personenbeförderung frei, sicher und problemlos bewältigt werden kann. Der weltweite Warenverkehr könnte weiterhin per Schiff und Bahn erfolgen. Flugzeuge wären nur noch im Ausnahmefall einzusetzen. Der Ausbau der sogenannten E-Mobilität ist hingegen der falsche Weg in Verkehr und Transport, da bereits jetzt abzusehen ist, dass er in einer erneuten Sackgasse münden würde.

(4) Über eine Rückverlagerung des Güterfernverkehrs auf die Schiene kann nachgedacht werden.

(5) Bestehende Straßen und Brücken sind instand zu halten und gegebenenfalls auszubauen. Auf den Bau neuer Straßen wird bis auf Weiteres verzichtet. Entstehende Familienlandsitzsiedlungen können auch über Feld- und Waldwege, sogenannte „Pisten", erreicht werden.

(6) Bestehende Industriebrachen sind zu rekultivieren.

(7) Es werden keinen neuen Industrie- und Innovationszentren ausgeschrieben, solange die bereits bestehenden noch nicht voll ausgelastet sind. Gleiches gilt für Flughäfen, Häfen, Bahnhöfe und andere infrastrukturelle Knotenpunkte.

(8) Die Republik Freies Deutschland erklärt auch im internationalen Maßstab ihren Verzicht auf die Beteiligung an augenscheinlich zerstörerischen Großprojekten wie dem Bau von Mega-Staudämmen, der Abholzung des Regenwaldes, der Errichtung von Atomkraftwerken, Fracking oder der CO_2-Sequestrierung.

(9) Alles Weitere kann per Gesetz geregelt werden.

V.6. Umweltschutz und Klimapolitik

(1) Umweltschutz ist Heimatschutz. Vergehen gegen die Umwelt können unter Strafe gestellt werden.

(2) Hiermit wird tiefenökologischer Heimat- und Naturschutz als Verfassungsziel festgeschrieben.

(3) Hiermit wird Tierschutz und das Ausarbeiten von Tierrechten als Verfassungsziel festgeschrieben.

(4) Hiermit wird ein respektvoller Umgang mit Pflanzen, Erde, Mineralien und Steinen als Verfassungsziel festgeschrieben.

(5) Der nationale Waldbestand darf nicht weiter verringert werden. Fichtenanpflanzungen und vergleichbare Monokulturen werden schrittweise durch Mischwälder ersetzt.

(6) Die deutschen Innenstädte sind in gemeinsamer Anstrengung verstärkt zu begrünen.

(7) Alles Weitere kann gesetzlich geregelt werden.

(8) Eine über die genannten Maßnahmen hinausgehende Klimapolitik ist erst dann zu betreiben, sollten gravierende Klimaänderungen wissenschaftlich einwandfrei zu beweisen sein. Natürliche Schwankungen hat es immer gegeben.

Kommentar des Verfassungskollektivs: Die Bekämpfung von CO^2 zur Eindämmung einer möglichen globalen Erwärmung wäre die absolut falsche Maßnahme, da CO^2 für das Pflanzenwachstum fundamental notwendig ist. Pflanzwachstum wiederum ist der einfachste und sicherste Weg eine Klimaerwärmung zu verhindern. Wir haben daher eher zu wenig, als zu viel CO^2 in der Erdatmosphäre. Das sind wissenschaftliche Fakten.

V.7. Gesundheitswesen

(1) Volksgesundheit bedeutet Wohlergehen des Volkes.

(2) Es gilt gesamtgesellschaftlich zu gesunden Lebensmitteln und einer natürlichen Gesundheits-vorsorge zurückzufinden.

(3) Jede Krankheit ist nicht nur körperlich, sondern in erster Linie seelisch, mental und emotional bedingt! Wir benötigen daher ein ganzheitliches Gesundheitswesen, welches sich an der Individualität des Patienten, seinem gesamten Umfeld, seinen Gewohnheiten und Glaubensmustern ebenso orientiert wie an den eigentlichen Symptomen seiner Erkrankung.

(4) Erfolgreiche Heilung muss wieder im Vordergrund stehen und nicht der Profit der verbrecherischen Pharmalobby! Über die zerstörerischen Hintergründe der früheren Schulmedizin ist aufzuklären!

Kommentar des Verfassungskollektivs: Die <<Deutsche Verfassung>> denkt hier insbesondere auch an die „ Krebsbekämpfung" und die Impfschäden. Aus Sicht des Verfassungskollektivs gleicht der Kampf gegen Viren sogar einem Kampf gegen das Leben, da Viren eine extrem wichtige Funktion innerhalb des menschlichen Immunsystems besitzen.

(5) Alternative Heilmethoden sind zu fördern!

Kommentar des Verfassungskollektivs: Ein Beispiel für solche Heilmethoden wäre die Neue Germanische Medizin. Darüber hinaus können alle bis dato als unheilbar geltenden Krankheitsverläufe mit Hilfe von Frequenzmedizin geheilt werden!

(6) Alle Pflanzen und Pilze werden entkriminalisiert!

Kommentar des Verfassungskollektivs: Die <<Deutsche Verfassung>> denkt hier also insbesondere an bewusstseinserweiternde Lehrerpflanzen.

(7) Gentechnologie und Fracking werden aufgrund ihrer nachgewiesenen Gefährlichkeit für die menschlich Gesundheit gänzlich verboten!

V.8. Bildungswesen und Sozialpolitik

(1) Bildung ist ein Weg zu individuellem und nationalem Erfolg. Sie wird als lebenslange Aufgabe, gleichberechtigt mit Arbeit und Freizeit, begriffen.

(2) Bildung und Erziehung haben - neben dem bloßen Wissenserwerb sowie der Methodik zum eigenständigen Erlangen von Wissen - der Wahrhaftigkeit, Eigenverantwortung und Liebe zu dienen.

(3) Die Schulpflicht wird durch eine Bildungspflicht vom 7ten bis zum 14ten Lebensjahr ersetzt. Mindestens in dieser Zeitspanne sind alle staatliche Schulen kostenfrei.

(4) Bildung hat immer ganzheitlich zu erfolgen.

(5) Insbesondere die Förderung der deutschen Unterschicht hat zu einem zentralen Bestandteil deutscher Sozial- und Bildungspolitik zu werden.

(6) Hiermit wird der Schutz von geschichtlichen Überlieferungen in Form von Liedern, Büchern, Gemälden, Statuen, Bauwerken, Videos und anderen Kunstwerken als Verfassungsziel festgeschrieben.

Kommentar des Verfassungskollektivs: Völker mit Geschichte, sind in der Lage aus dieser zu lernen. Völker ohne Erinnerung an ihre eigene Geschichte gleichen hingegen einer leicht manipulierbaren Masse.

(7) Eine dem Schutz geschichtlicher Überlieferungen entsprechende Erziehung hat nicht nur anti-faschistisch, sondern auch pro-ethnisch zu erfolgen, damit die Deutschen - als geeintes Volk freier, stolzer, empathischer und respektabler Menschen - nie wieder (wie zuletzt in der BRiD) vom Faschismus heimgesucht werden.

(8) Von der <<Deutschen Verfassung>> werden neben einer grundsätzlich ganzheitlichen Bildung insbesondere auch Verfassungskunde, Naturerfahrung, Permakultur, alternative Heilmethoden, erneuerbare Energie, deutsche Geschichte sowie gelebte Basisdemokratie und Konsensbildung als erstrebenswerte Bildungsinhalte genannt. Das Gelehrte hat den historischen und wissenschaftlichen Tatsachen zu entsprechen. Entsprechende Curricula sind auszuarbeiten.

(9) Das Schulfach Religion wird durch „transreligiöse Spiritualität und Ethik" ersetzt.

(10) Ein Schulfach namens „vedische Kultur" wird flächendeckend eingeführt. Vedische Menschen verfügen über eine klare Ausrichtung zum Licht. In ihrem Ursprung waren alle Kulturen vedisch.

(11) Jährliche Bildungs-Abschlussprüfungen in Theorie und Praxis werden von den staatlichen Schulen durchgeführt, unabhängig davon, wo und wie das entsprechende Wissen erworben wurde.

V.9. Rechtsordnung

(1) Alle sich aufgrund der <<Deutschen Verfassung>> ergebenden juristische Neureglungen sind schrittweise in die nationale und sonstige Gesetzgebung einzuarbeiten und umzusetzen(!)

(2) Das deutsche Justizsystem wird von einem System der Bestrafung schrittweise in ein System der Schlichtung und Wiederherstellung einer natürlichen Ordnung umgearbeitet.

(3) Hierbei werden alle Rechtstreitigkeiten zunächst den betroffenen kommunalen, provinzialen, oder regionalen Räten oder von ihnen gebildeten Gremien zur Schlichtung vorgelegt, bevor sie vor einem staatlichen Gericht landen.

(4) Nie mehr dürfen Verurteilung oder der Ausschluss von allgemeinen Rechten einfach und allein aufgrund von politischer oder weltanschaulicher Gesinnung oder Meinung durchgeführt werden, wie es (zuletzt) in der BRiD die Regel war. Derlei wird in der Republik Freies Deutschland unter Strafe gestellt!

(5) Die freie Meinung und Rede muss gewährleistet bleiben! Sie ist das vielleicht höchste menschliche Gut.

(6) Mit der Aufgabe der Veränderung, Vereinfachung und Verschlankung des gesamten deutschen Rechts- und Regelwerks gemäß der <<Deutschen Verfassung>> werden bereits aus dem Staatsdienst ausgeschiedene ehemalige Richter im Ehrenamt betraut, um ihre jeweiligen Änderungsvorschläge sodann den entsprechenden Räten vorzulegen.

Kommentar des Verfassungskollektivs: Ehemalige Richter können diese Änderungsvorschläge aufgrund ihrer Unabhängigkeit und Erfahrung - ohne Loyalitätskonflikte - frei nach ihrem Gewissen und zum besten des deutschen Volks unterbreiten.

(7) Auf dieser Basis könnten auch die Verfassungen der einzelnen Bundesländer nach dem Vorbild der <<Deutschen Verfassung>> überarbeitet und neu geschrieben werden.

(8) Alle Vorschläge der ehemaligen Richter für Gesetzesneufassungen auf nationaler Ebene sind dem Obersten Basisdemokratischen Rat zur Beschlussfassung vorzulegen.

(9) Trotz aller notwendigen rechtlichen Umbaumaßnahmen im Sinne dieser Verfassung wird das deutsche Justiz- und Rechtssystem auch in der Transitionszeit durchgängig am Laufen erhalten(!)

(10) Der komplette Richterstand wird entsprechend geschult sowie nach und nach durch staatlich ernannte Richter ersetzt(!)

(11) Jegliche Schul-, Impf-, Arbeits-, Einkommenssteuer- oder Wehrpflicht gelten mit Inkrafttreten der <<Deutschen Verfassung>> als abgeschafft.

(12) Zu weiteren sich aus der <<Deutschen Verfassung>> ergebenden gesetzlichen Änderungen siehe unter anderem bereits: III.5.

V.10. Religionspolitik

(1) Glauben und Religion gehören zum Menschsein, sind jedoch primär im Privaten auszuleben.

(2) In der Republik Freies Deutschland gilt die Glaubens- und Religionsfreiheit: *„Alle aus der Glaubens- und Religionsfreiheit resultierende Handlungen sind legal, sofern sie keinen Dritten gefährden, ihm nicht schaden oder unverhältnismäßige Störungen des öffentlichen Lebens hervorrufen."* Siehe I.2. (6)!

(3) In diesem Sinne versteht sich die Republik Freies Deutschland als rein laizistischer Staat, der sich zu religiöser Neutralität verpflichtet. Jedwede religiöse oder weltanschaulicher Orientierung, die niemandem schadet, wird von der Republik Freies Deutschland und seiner Verfassung geschützt, wenn auch nicht unbedingt unterstützt. Es gilt ein Missionierungsverbot im öffentlichen Raum!

(4) Historisch gesehen haben sich die monotheistischen Religionen zumeist als intolerant erwiesen. Sie führten einerseits zu Glaubenskriegen und haben andererseits zur Sicherung und dem Ausbau ungerechtfertigter Herrschaftsverhältnisse beigetragen.

(5) Aus diesem Grund darf auch das Christentum als religiöse Leitkultur in Deutschland durch eine an der Natur und Vernunft orientierten transreligiöse Spiritualität und Ethik ersetzt werden. In diesem Sinne ist auch VII.6. DV zu verstehen.

(6) Islamvorbehalt: Ob und inwieweit der Islam mittelfristig mit der deutschen Kultur vereinbar ist, wird sich noch herausstellen. Entsprechende Abstimmungen zu Teilaspekten dieser Religion können per Volksentscheid auf Landesebene durchgeführt werden.

Kommentar des Verfassungskollektivs: Sollte sich eine Mehrheit im deutschen Volk beispielsweise gegen öffentliche Minarette, Schächtung oder Verschleierung entscheiden, so wäre dem durch ein Verbot auch dem Rechnung zu tragen.

(7) Genereller Religionsvorbehalt: Der Vorbehalt aus V.10. (6) gilt auch für die Teilaspekte aller anderen Religionen, die sich mit der gewachsenen deutschen Kultur oder den Voraussetzungen oder Werten eines neuen friedlichen Zeitalters nur schwer oder gar nicht vereinbaren lassen.

V.11. Medienlandschaft

(1) Die Republik Freies Deutschland hat eine freie und ausgewogene Berichterstattung sicherzustellen. Eine unabhängige, freie Presse ist jederzeit zu gewährleisten.

(2) Alle staatlichen Rundfunkanstalten und Medien der BRiD sind mit sofortiger Wirkung bedingungslos auflösen(!)

(3) Verantwortliche der bewussten Manipulation und Irreführung während des Merkel-Regimes sind vor ordentliche Gerichte zu stellen. Unrechtmäßig gezahlte Beitragsgebühren sind - soweit möglich - zurückzuerstatten(!)

(4) Ein sich aus freiwilligen Spenden finanzierender Staatsfunk kann eingerichtet werden.

(5) Einige Themen, über die aus Sicht der <<Deutschen Verfassung>> anfänglich besonders intensiv berichtet werden sollte, sind freie Energien, alternative Heilungsmethoden sowie die Hintergründe der deutschen Geschichte inklusive der beiden Weltkriege.

(6) Darüber hinaus sollte eine konsequente Verschwörungsanalyse der jüngeren Weltgeschichte betrieben werden ebenso wie die Bekanntmachung von Aufbau, Inhalt und Geist der <<Deutschen Verfassung>>.

(7) Von staatlichen Medien verwendete Fotos oder Videos müssen ab sofort immer den tatsächlichen Gegebenheiten entsprechen, also nicht zu anderer Zeit, an einem andern Ort oder in einem anderen Kontext erfolgt sein, als die tatsächliche Berichterstattung vermuten lässt. Zuwiderhandlungen können zur Anzeige gebracht und entsprechend als Betrugsversuch bestraft werden.

(8) Das technische Verändern von Fotos oder Videos sowie das künstliche Herstellen von lebensechten Bildern oder Animationen muss ab sofort - im Hinblick auf eine wahrheitsgemäße Berichterstattung - immer angezeigt werden. Unterlassungen können zur Anzeige gebracht und entsprechend als Betrugsversuch bestraft werden.

(9) Im Falle von Gesetzesverstößen, Verhaftung oder Verurteilung muss zur Gewährleistung eines allgemeinen Informationsinteresses ab sofort in den Medien immer auch die Nationalität und soweit bekannt ein entsprechender Migrationshintergrund der Beteiligten genannt werden.

VI. Richtlinien deutscher Außenpolitik

(1) Die Republik Freies Deutschland verpflichtet sich den allgemeinen Menschenrechten, der Freundschaft aller Völker sowie dem anhaltenden Frieden und der Gerechtigkeit in der Welt!

(2) Der Republik Freies Deutschland ist bestrebt mit allen kriegsführenden Parteien des zweiten Weltkriegs einen umfassenden Friedensvertrag abzuschließen! Weitere Reparationszahlungen müssen hierbei ebenso ausgeschlossen werden wie andauernde Gebietsansprüche Deutschlands über seine Grenzen der Wiedervereinigung von 1990 hinaus!

(3) Die auf Kriegsrecht in ihren Statuten basierende UNO ist in einen internationalen Völkerbund umzugestalten und mit gleichberechtigter deutscher sowie japanischer Beteiligung neu zu gründen! Siehe bereits: II.2. (4)!

(4) Der Republik Freies Deutschland bekennt sich zu einer Weltpolitik, die jedem Volk die weitestgehende Souveränität über das von ihm bewohnte Gebiet zusichert! Als eigenständiges Volk wird hierbei jede Sprachgemeinschaft verstanden.

(5) Es ist die Aufgabe der jeweiligen Völker, diese Interessen selbst durchzusetzen! Der Republik Freies Deutschland behält für zwar das Recht vor, entsprechende Bestrebungen politisch, wirtschaftlich, finanziell und kulturell zu unterstützen, enthält sich jedoch jeglicher diesbezüglicher militärischer Optionen.

(6) Insbesondere die Gründung eines unabhängigen Palästinas, Kurdistans und Tibets werden vom Republik Freies Deutschland im Hinblick auf eine internationale Volksgerechtigkeit favorisiert.

(7) Die Republik Freies Deutschland setzt sich dafür ein, in internationaler Zusammenarbeit dem indo-europäischen Volk der Sinti und Roma wieder eigenes Land in ihrer Herkunftsregion und/oder dem Sindh zuzuweisen.

(8) Der Republik Freies Deutschland tritt mit sofortiger Wirkung aus der NATO aus, welche völkerrechtswidrige Kriege führt. Die noch immer auf dem Gebiet Deutschlands stationierten ausländischen Truppenverbände werden gebeten nach Hause zurückzukehren. Ihre Alimentierung (gemäß Art. 120 GG) wird eingestellt!

(9) Die Republik Freies Deutschland spricht sich neben der engen Zusammenarbeit mit allen europäischen Ländern für eine besondere geostrategische, wirtschaftliche und kulturelle Freundschaft mit Russland aus.

(10) Über die Gründung eines paneurasischen Verteidigungsbündnisses unter russischer Beteiligung kann eine Volksabstimmung durchgeführt werden, sofern jeglicher verfassungswidrige Angriffskrieg hierdurch ausgeschlossen bleibt.

(11) Die Republik Freies Deutschland wird eine Volksabstimmung zu einem Austritt aus der EU nach dem Vorbild Großbritanniens durchführen. Zugleich erklärt sie ihre Bereitschaft, Europa in einen <<Bund souveräner europäischer Völker>> - als europäisches Territorium - umzugestalten.

(12) Der Republik Freies Deutschland ersucht um ihre Aufnahme in den Nordischen Rat. Sie ist bestrebt mit allen Ländern, insbesondere ihren Nachbarländern, in tiefster Verbundenheit und Frieden zu leben.

(13) Alle internationalen Verpflichtungen der ehemaligen BRiD werden von der Republik Freies Deutschland solange übernommen und fortgeführt, soweit in der <<Deutschen Verfassung>> nichts anderes vermerkt wurde oder der Oberste Basisdemokratische Rat etwas anderes entscheiden sollte.

(14) Die Republik Freies Deutschland nimmt für sich das Recht in Anspruch, ihre eigenen Grenzen militärisch zu sichern.

(15) Auch wenn die Republik Freies Deutschland bereit ist, sich jedem äußeren Feind militärisch und mit allem, was dieses Land zu bieten hat, im Falle eines Angriffs entschlossen entgegenzustellen, wird es international konsequent keinen weiteren Krieg mehr mit deutscher Beteiligung geben.

(16) Die Armeen anderer Länder werden von Deutschland nicht mehr militärisch oder logistisch unterstützt. Auch werden deutsche Truppen nicht mehr unter anderer Fahne dienen.

(17) Deutsche Soldaten werden binnen 100 Tage von allen Auslandeinsätzen abgezogen.

(18) Lediglich Einsätze zur Sicherung der freien Seefahrt, von lebensnotwendigen Transportwegen oder zum Schutz internationaler Naturschutzgebiete können weiterhin durchgeführt werden.

(19) Waffenexporte ins Ausland werden von der <<Deutschen Verfassung>> komplett verboten und unter Strafe gestellt. Dies betrifft auch befreundete oder sogenannte sichere Staaten.

(20) Die Bundeswehr wird mit sofortiger Wirkung unter den Oberbefehl des Kaisers gestellt.

(21) Folgende Empfehlungen seitens der <<Deutschen Verfassung>> werden an die deutsche Außenpolitik ausgesprochen:

1. Innereuropäische und gesamteurasische Zusammenarbeit bei der Überwachung und Sicherstellung aller politischen, religiösen und menschlichen Freiheiten!

2. Verträge mit allen nicht-eurasischen Staaten zur Rückführung von Flüchtlingen und anderen Menschen aus ihren eigenen Ländern, Territorien und Kulturkreisen!

3. Verstärkte innere Zusammenarbeit von Deutschland, Österreich und der Deutschschweiz in einem Germanien genannten Großraum. Gerne sprechen wir von diesem Großraum auch als Nation oder einem sich im Entstehen befindenden <<Bund deutscher Völker>>!

4. Verstärktes Engagement zur Befriedung und zum Wiederaufbau in allen krisengeschüttelten eurasischen Gebieten wie beispielsweise in Afghanistan. In Ausnahmefällen kann eine solche Befriedung auch auf Beschluss des Obersten Basisdemokratischen Rat mit vorheriger Zustimmung des deutschen Volks militärisch abgesichert werden. Zunächst gilt V.1. (17) DV, der Abzug aller deutschen Soldaten!

Kommentar des Verfassungskollektivs: Das hier angesprochene Motto „Präsenz bis zur Befriedung" würde im Falle von Afghanistan auch ein Kooperationsangebot mit "gemäßigten Taliban" beinhalten, die sich ihrer gemeinsamen eurasischen Wurzeln mit uns besinnen.

5. Einstellung jeglicher staatlicher Entwicklungshilfe. Hilfen vor Ort für unmittelbar Schutzbedürftige sind hiervon ausgenommen!

Kommentar des Verfassungskollektivs: Entwicklungshilfe entmündigt die Bürger vor Ort und führt zu unnötigen Abhängigkeiten.

6. Unterstützung der Kurden, Tibeter, Uiguren, Sahrauis sowie vergleichbarer Völker hinsichtlich ihres Bestrebens einen eigenen Staat zu errichten!

7. Keine Unterstützung der EU-Mitgliedschaft der Türkei, da dieser ein eigenes turksprachiges Territorium zusteht. Angeboten werden soll der Türkei hingegen eine verstärkte kulturelle, wirtschaftliche und wissenschaftliche Zusammenarbeit und Freundschaft ebenso wie mit den indo-europäischen Nationen Russland, dem Iran oder Indien!

8. Bemühung um vollständige Wiederaufnahme und Eingliederung des Irans in die eurasische Staatengemeinschaft!

9. Bemühung um Frieden zwischen Pakistan und Indien!

10. Bekenntnis zur globalen Vertretung der eigenen Interessen auch dann, wenn auf jeglichen militärischen Angriff außerhalb des eigenen Staatsgebietes strikt verzichtet wird!

11. Reorganisation internationaler Beziehungen über basisdemokratische, regionale und bilaterale Verträge mit dem Ziel eines weltweiten Friedens!

12. Leitbild einer dezentralisierten, multipolaren globalen Grundordnung!

(22) Zusammenfassung: Die bevorzugten Handels- und Wirtschafts- und Kooperationspartner der Republik Freies Deutschland sollten neben den Ländern der deutschsprachigen Nation zunächst andere europäische Staaten sowie Russland sein. Sodann kommen die indo-europäischen Staaten des südwest-asiatischen Kulturkreises von Persien bis Indien sowie die zentralasiatischen Staaten von der Türkei bis in die Mongolei.

(23) Insbesondere auch zum anglo-amerikanischen Kulturkreis, zum anglo-ozeanischen Kulturkreis sowie zu Israel werden von der Republik Freies Deutschland intime, gleichberechtigte Freundschaften empfehlenswert.

(24) Dennoch sollte an einer Zweistaatenlösung mit den Palästinensern festgehalten werden.

(25) Trotz der hier genannten Präferenzen werden von der Republik Freies Deutschland friedliche Kooperationen mit allen Regionen, Staaten, Großräumen, Territorien und Kulturkreisen dieser Erde angestrebt.

(26) Es bestehen die verfassungsrechtlichen Optionen zur Aufnahme angrenzender deutschsprachiger Gebiete sowie zur Überführung der der kompletten Republik Freies Deutschland in einen <<Bund deutscher Völker>>.

VII. Staatssymbole

Die deutschen Staatsymbole ergeben sich aus unserer Geschichte und dem völkischen Widerstand gegen jegliche Form von staatlicher Willkür und Faschismus.

VII.4. Nationalfarben

Die Nationalfarben der Deutschen sind Gold, Rot und Schwarz, wie sie erstmals beim Hambacher Fest 1832 gezeigt wurden.

Kommentar des Verfassungskollektivs: Die <<Deutsche Verfassung>> sieht sich in der Tradition dieser pazifistischen, demokratischen, nationalen und freiheitlichen Bewegung, wie sie im Hambacher Fest zum Ausdruck kam. Dennoch wird unter Umständen eine Abstimmung durchzuführen sein, ob nicht doch noch den kaiserlichen Reichsfarben Schwarz, Weiß und Rot der Vorzug eingeräumt werden sollte.

VII.2. Deutsche Flagge

Die deutsche Flagge sei getreu ihrem Original, von oben nach unten, gold-rot-schwarz mit folgender Bedeutung: *„Aus der Schwärze der Knechtschaft durch blutige Schlachten ans goldene Licht der Freiheit"*!

Kommentar des Verfassungskollektivs: Als ergänzende, inoffizielle deutsche Fahne sähe das Verfassungskollektiv gerne die Wirmer-Flagge. Diese verweist auf den deutschen Widerstand gegen jegliche Art von unrechtmäßiger Gewaltherrschaft. Zugleich stellt sie mit dem skandinavischen Kreuz ein Bekenntnis zur germanischen Herkunft der Deutschen dar. Die Wirmer-Flagge ist ebenfalls auch unter dem Namen Flagge des deutschen Widerstands 20. Juli oder als Stauffenberg-Flagge bekannt. Sie wurde bis etwa 1970 in etwas modifizierter Form von der CDU und der FDP geführt.

VII.3. Deutsche Hymne

Solange der Oberste Basisdemokratische Rat nichts anderes beschließen sollte, gilt als deutsche Hymne weiterhin die dritte Strophe <<Liedes der Deutschen>>, verfasst von Hofmann von Fallerslebens und vertont von Joseph Hayden mit folgendem Text:

„Einigkeit und Recht und Freiheit
Für das deutsche Vaterland!
Danach lasst uns alle streben
Brüderlich mit Herz und Hand!
Einigkeit und Recht und Freiheit
Sind des Glückes Unterpfand;
Blüh' im Glanze dieses Glückes,
Blühe, deutsches Vaterland!"

Kommentar des Verfassungskollektivs: Gerne erinnert das Verfassungskollektiv an dieser Stelle auch an den ebenfalls von Hofmann von Fallersleben stammenden Ausspruch: *„Der größte Lump im ganzen Land das ist und bleibt der Denunziant!"*

VII.4. Deutsches Wappen

(1) Als Wappen der Republik Freies Deutschland wird der jahrtausendealte Reichsadler unserer blutigen deutschen Vergangenheit durch einen in unseren Nationalfarben gehaltenen friedfertigen Phönix mit goldener Krone abgelöst. Er symbolisiert zugleich den Beginn eines neuen Zeitalters.

(2) Anders als der bundesdeutsche Adler ist der Phönix des neuen Deutschlands in einer einheitlichen Form auszuarbeiten.

(3) Diese Reglung gilt zumindest solange, bis vom deutschen Volk in basisdemokratischem Konsens nichts anderes beschlossen würde.

Kommentar des Verfassungskollektivs: Als Hintergrund für den Phönix des deutschen Wiedererwachens und Wiedererstehens aus der vierfachen Asche unserer jüngeren Vergangenheit (Weimarer Republik, 3. Reich, DDR, BRiD) schlägt das Verfassungskollektiv die Blume des Lebens vor. Möge das deutsche Volk hierüber entscheiden in freier Wahl entscheiden, dieses zusätzliche heraldische Elemente gegebenenfalls nachträglich im deutschen Wappen zu verankern.

VII.5. Nationalfeiertag

(1) Als Nationalfeiertag der Republik Freies Deutschland wird der 27. Mai als Beginn des Hambacher Fests von 1832 bestimmt, welcher hiermit den 3. Oktober (= Beitritt der DDR zur BRiD 1990) solange ersetzt, bist vom deutschen Volk in Volksabstimmung oder -wahl etwas anderes beschlossen würde.

(2) Der 27. Mai steht für die wahren Werte Deutschlands und seiner Völker noch vor Gründung des deutschen Kaiserreichs von 1871 sowie der beiden fürchterlichen Weltkriege und entsprechender Nachfolgekonstrukte.

Kommentar des Verfassungskollektivs: Es steht den Deutschen frei, in einer entsprechenden Volksabstimmung darüber zu bestimmen, ob anstelle des 27. Mai möglicherweise auch der Tag der Verkündung der <<Deutschen Verfassung>> als Nationalfeiertag angesehen und gefeiert werden sollte. Vielleicht wird sich auch der 1. August (= Demonstration in Berlin) als Nationalfeiertag durchsetzen. Das Verfassungskollektiv allerdings präferierte den 27. Mai als historischen Ausdruck von Friedfertigkeit, Demokratie, Nationalstaatlichkeit und Freiheit des gesamten deutschen Volks.

(3) Ein Nationalfeiertag kann niemals zum Feiern verpflichten.

VII.6. Weitere staatliche Feiertage

(1) Folgende acht Tage der Natur entnommene, neutrale Feiertage werden in der <<Deutschen Verfassung>> als gesamtstaatliche Feiertage festgelegt:

1. Wintersonnwende, jährlich am 21.12

2. Lichterfest, jährlich am 1.2

3. Frühlingstagundnachtgleiche, jährlich am 21.3

4. Maifeiertag, jährlich am 1.5

5. Sommersonnwende, jährlich am 21.6

6. Schnitterfest, jährlich am 1.8

7. Erntedankfest, jährlich am 21.9

8. Samhain, jährlich am 1.11

(2) Über weitere staatliche Feiertag, wie beispielsweise am 6.1. als „Tag der Goden", können entsprechende Volksabstimmungen durchgeführt werden.

(3) Über weitere Regionalfeiertage müssen die einzelnen Länder entscheiden.

(4) Viele dieser natürlichen Feiertage lassen sich zu tradierten religiösen Aktivitäten nutzen wie die Wintersonnwende für Weihnachten oder die Frühlingstagundnachtgleiche für österliche Festivitäten et cetera.

(5) Weitere religiös bedingte Feiertage können von den Vertretern der verschiedenen Glaubensrichtungen selbstverständlich gefeiert werden, wenn sie sich hierzu dann unter Umständen auch privat einen entsprechenden Urlaubstage legen müssen.

(6) Die staatlichen Ferien werden fortan als Frühlings-, Sommer-, Hebst- und Winterferien bezeichnet.

Kommentar des Verfassungskollektivs: Wir hoffen mit dieser strikt religionsneutralen Reglung im Sinne der <<Deutschen Verfassung>> eine für alle akzeptable Lösung gefunden zu haben!

VII.7. Deutsche Sprache

(1) Die deutsche Sprache ist die deutsche Sprache. Sie harmoniert perfekt mit unserer Schrift und unseren Gedanken. Sie ist zu beschützen und zu bewahren.

(2) Wörter und Begrifflichkeiten sind nach Möglichkeit immer gemäß ihrer ursprünglichen Wortbedeutung zu verwenden.

VII.8. Deutsche Kultur

(1) Die deutsche Kultur ist vielschichtig und tief.

(2) Vedisch in ihrem Ursprung wird sie wieder vedisch werden.

(3) Der deutsche Grundcharakter ist friedfertig, diszipliniert und naturverbunden.

(4) Umbenennungen öffentlicher Straßen, Plätze oder Gebäude, deren ursprüngliche Namen den antideutschen Tendenzen der BRiD zum Opfer fielen, werden auf einfachen Antrag an die entsprechenden Gebietskörperschaften oder Behörden wieder rückgängig gemacht.

VII.9. Deutscher Verfassungsgruß

(1) Als deutscher Verfassungsgruß wird jenes antifaschistische Zeichen bezeichnet, wie es in <<Tribute von Panem>> gezeigt oder als Pfadfindergruß bekannt ist: Der Daumen schütz den kleinen Finger, also der Stärkere den Schwächeren. Die drei erhoben Finger stehen für Einigkeit und Recht und Freiheit.

(2) Ein Gruß ist rein freiwillig und darf niemals verpflichtend sein.

VII.10. Hauptstadt der Republik Freies Deutschland

(1) Um sich einerseits symbolisch von der Großmannssucht von des sogenannten dritten Reichs und des wiedervereinigten Deutschlands in Form der BRiD abzuwenden und andererseits an die deutschen nationaldemokratischen Bestrebungen von 1848/49 anzuknüpfen, präferiert die <<Deutsche Verfassung>> Frankfurt am Main als gesamtdeutsche Hauptstadt.

(2) Solange aber bis vom deutschen Kaiser, dem Volk oder seinen Räten nichts anderes bestimmt wird, bleibt Berlin die (vorläufige) Hauptstadt der Republik Freies Deutschland.

(3) Sollten der deutsche Kaiser, das deutsche Volk in Volksabstimmung oder der Oberste Basisdemokratische Rat beschließen, dass Frankfurt am Main die Hauptstadt der Republik Freies Deutschland werde, würde VII. 10 wie folgt abgeändert: „Die Hauptstadt der Republik Freies Deutschland ist Frankfurt am Main."

Kommentar des Verfassungskollektivs: Frankfurt am Main war immer ein politischer Zentralort, an welchem zentrale deutsche Energielinien zusammenlaufen. Bereits das Ostfrankenreich der Karolinger im 9. Jahrhundert hatte hier sein Zentrum. Seit dem 12. Jahrhundert wurden die Könige und Kaiser des Heiligen Römischen Reichs Deutscher Nation in Frankfurt gewählt und zum Teil auch gekrönt. Zwischen 1816 und 1866 tagte hier der Deutsche Bund und machte Frankfurt so zu einer Hauptstadt im Verfassungssinn. Die erste deutsche Nationalversammlung kam 1848/49 in der Frankfurter Paulskirche zusammen und planmäßig wurde hier auch die <<Deutsche Verfassung>> rechtskräftig verkündet. Auch nach dem zweiten Weltkrieg wäre Frankfurt beinahe zur Hauptstadt der BRiD geworden, welche hier ihre Finanzagentur Bundesrepublik Deutschland GmbH unterhielt. Ebenfalls wurde Frankfurt zum Hauptquartier der Amerikaner, zum Sitz der späteren Bundesbank sowie der Europäischen Zentralbank (EZB), was sie im Sinne der EU zu dritten europäischen Hauptstadt neben Brüssel und Straßburg macht. Auch der deutsche Kaiser wird zukünftig in Frankfurt am Main vom deutschen Obergoden zu ernennen sein.

VIII. Übergangs- und Abschlussbestimmungen

(1) Solange sich noch kein basisdemokratisches Rätesystem von den untersten Gebiets- und Verwaltungseinheiten an etabliert hat, wird der Oberste Basisdemokratische Rat und damit die verfassungsgebende Versammlung analog zu Art. 146 GG von all jenen vertreten, die die <<Deutsche Verfassung>> in der Frankfurter Paulskirche in freier Entscheidung beschließen und verkünden(!)

(2) Am gleichen Tag sind wären nach Möglichkeit alle „staatlichen" Rundfunkanstalten der BRiD von freiwilligen Volksmilizen und/oder der Bundeswehr bis zur Wiederherstellung von Sicherheit und Ordnung im gesamten Land gemäß der <<Deutschen Verfassung>> zu besetzen(!)

(3) Alle Ratshäuser und staatlichen Verwaltungs- und Regierungsgebäude, Polizeipräfekturen und Kasernen etc. werden aufgerufen, zum Zeichen ihres Einverständnisses mit der <<Deutschen Verfassung>> die deutsche Flagge Gold-Rot-Schwarz zu hissen(!)

(4) Alle Regierungsgebäude - wie auf nationaler Ebene dem Reichstag oder dem Bundeskanzleramt und auf regionaler Ebene den Parlamentsgebäuden, Staatskanzleien sowie Regierungspräsidien -, deren Schlüsselträger die vom deutschen Volk rechtsstaatlich in einer verfassungsgebenden Versammlung analog zu Art. 146 GG verkündete <<Deutsche Verfassung>> nicht akzeptieren, müssten umstellt und notfalls gestürmt werden(!)

(5) Die Verantwortlichen des Widerstandes gegen die <<Deutsche Verfassung>> würden sodann schimpflich aus dem Amt gejagt oder bis auf Weiteres festgesetzt und wegen Hochverrats angeklagt(!)

(6) Von weiterer Gewaltanwendung ist abzusehen(!)

(7) Alle Deutschen, die nicht aktiv an der Einführung und Durchsetzung der <<Deutschen Verfassung>> mithelfen wollen, werden für die unmittelbare Übergangszeit gebeten, zuhause zu bleiben und Ruhe zu bewahren(!)

(8) In der folgenden Transitionszeit wird Deutschland komplett von unten nach oben neu aufgebaut werden, bis es wieder voll funktionsfähig, souverän und frei ist(!)

(9) Alle politischen Parteien werden mit sofortiger Wirkung aufgelöst(!)

Kommentar des Verfassungskollektivs: Parteien spalten. Eine Partei vertritt immer nur einen Teil („part" = Teil). Die Republik Freies Deutschland versteht sich hingegen als Einheit.

(10) Alle Politiker, die den neuen Geist der <<Deutschen Verfassung>> verinnerlicht haben und akzeptieren, werden hiermit offiziell eingeladen, sich ehrenamtlich in den neu entstehenden Volksräten im Sinne unserer Verfassung zu engagieren(!)

(11) Alle bereits bestehenden Religionsgemeinschaften, Berufsverbände, Gewerkschaften, Genossenschaften, Vereine und sonstige Organisationen lösen sich auf oder lassen sich zum Zeichen ihres Einverständnisses mit der <<Deutsche Verfassung>> in einem einfachen formalen Akt in entsprechende Register umschreiben(!)

(12) Es wurde der Versuch unternommen, die <<Deutsche Verfassung>> so ausgewogen, freiheitlich, demokratisch, friedlich, realisierbar und flexibel wie nur irgend möglich zu halten. Und in diesem Geiste soll sie auch in gemeinsamer Unternehmung liebevoll gepflegt und gehandhabt werden!

(13) Bei mögliche Widersprüchen im Wortlaut der <<Deutschen Verfassung>> wären diese im ursprünglichen, eigentlichen Sinn des Verfassungskollektivs zu klären!

(14) Bis zum formellen Inkrafttreten der <<Deutschen Verfassung>> behält es sich das Verfassungskollektiv vor, weiterhin kleinere, zweckmäßige Änderungen daran vorzunehmen. Sodann wird die <<Deutsche Verfassung>> nur noch durch den Obersten Basisdemokratischen Rat abzuändern beziehungsweise den sich verändernden realen Gegebenheiten anzupassen sein!

Kommentar des Verfassungskollektivs: Es wird an dieser Stelle nochmals ausdrücklich darauf hingewiesen, dass es sich bei der <<Deutschen Verfassung>> lediglich um ein von Art. 5 GG gedecktes Gedankenexperiment handelt. Dies gilt insbesondere auch für die Bestimmungen VIII. (2) bis (5)! Es wird also keinesfalls zu Umsturz, Gewalt oder anderen Straftaten aufgerufen! Noch besteht die Absicht irgendwen zu verunglimpfen, zu beleidigen oder sonstwie zu diskreditieren! Ganz im Gegenteil wird explizit zu Friedfertigkeit, wertschätzender Kommunikation und gegenseitiger Versöhnung aufgefordert! Die Verfassung wurde somit - bei aller Kritik an bestehenden Verhältnissen - im Geist der Liebe zu allen Wesen erstellt!

Zum Zeichen der Gesetzestreue des Verfassungskollektivs soll hier auch Artikel 146 GG nochmals zitiert werden:

„Dieses Grundgesetz, das nach Vollendung der Einheit und Freiheit Deutschlands für das gesamte deutsche Volk gilt, verliert seine Gültigkeit an dem Tag, an dem eine Verfassung in Kraft tritt, die von dem deutschen Volk in freier Entscheidung beschlossen worden ist.“

Wie hat dies zu geschehen? Wie kann man sich das vorstellen? Nach allgemeiner Rechtsauffassung wird davon ausgegangen, dass zum Erlassen einer (neuen) Verfassung sich eine „verfassungsgebende Versammlung" konzipiert, welche direkt aus dem Volk stammt.

Hierzu nun das Urteil des Bundesverfassungsgerichts vom 23. Oktober 1951, II. Senat, Leitsatz 21 und 21c: *„Eine verfassunggebende Versammlung hat einen höheren Rang als die auf Grund der erlassenen Verfassung gewählte Volksvertretung. Sie ist im Besitz des pouvoir constituant. Mit dieser besonderen Stellung ist unverträglich, daß ihr von außen Beschränkungen auferlegt werden. [...] Ihre Unabhängigkeit bei der Erfüllung dieses Auftrages besteht nicht nur hinsichtlich der Entscheidung über den Inhalt der künftigen Verfassung, sondern auch hinsichtlich des Verfahrens, in dem die Verfassung erarbeitet wird."*

(15) Die <<Deutsche Verfassung>> gleicht einem lebendigen Wesen, bis zu ihrer Überwindung durch ein noch höheres menschliches Bewusstsein, welches eine schriftlich festgelegte Verfassung samt Gesetzen jedweder Art eines Tages gänzlich überflüssig machen wird!

(16) Die folgenden weiterreichenden Überlegungen werden auch <<Masterplan>> genannt und gelten als geistiger Bestandteil der <<Deutschen Verfassung>>, sind jedoch nicht einklagbar.

IX. Masterplan

IX.1. Wiederherstellung und Bewahrung einer natürlichen Ordnung

(1) Das alte Herrschaftssystem hat versagt! Daher ist eine natürliche, von Mutter Erde vorgegebene, weltweite Ordnung nun von allen Menschen gemeinsam wiederherzustellen und zukünftig zu bewahren.

(2) Hierzu sind alle für das Versagen des alten Systems maßgeblichen und verantwortlichen Kabale zu verhaften und dem Internationalen Gerichtshof in Den Haag zu überführen. Dort werden sie wegen Verbrechens gegen die Menschheit angeklagt.

(3) Im Falle eines Schuldspruchs sind die Kabale durch Enteignung zu entmachten. Ihr komplettes Eigentum wird in eine internationale Treuhand überführt und von dieser an alle Territorien, Staaten und Regionen der Welt in gleichem Verhältnis zu ihrem jeweiligen globalen Bevölkerungsanteil verteilt.

(4) Die internationale Treuhand setzt sich aus Vertretern aller Völker zusammen. Sie arbeitet ehrenamtlich, hat sich für alle ihre Aktionen zu rechtfertigen und im Anschluss wieder selbst aufzulösen.

(5) Auf weitere gegenseitige Schuldvorwürfe und Racheakte für das bewusste herbeigeführte Scheitern des alten Systems der NWO - oder sogar noch aus einem der beiden Weltkriege resultierend - sowie für das damit verbundene menschliche Leid wird fortan auf nationaler und internationaler Ebene verzichtet.

(6) Wer von den wegen Verbrechens gegen die Menschheit angeklagten Kabale des alten Systems nunmehr jedoch ein weitere Mal gegen die Menschheit intrigiert, kommt vor ein Kriegsgericht.

(7) Wer weiterhin gegen das eigene oder andere Völker hetzt (= Straftatbestand der Volksverhetzung), muss für den gesamten Zeitraum der globalen Transition mit Haft rechnen.

(8) Für den Fall, dass sich auch der Internationale Gerichtshof in Den Haag für das globale Systemversagen mit zu verantworten hätte, wäre ein neuer Internationaler Gerichtshof zu gründen, der sich aus eigens hierfür aus den verschiedenen Kulturräumen und/oder Völkern in freier Wahl bestimmten Richtern zusammensetzt.

(9) Der <<Masterplan>> sieht für dessen Sitz Ost-Jerusalem vor.

Kommentar des Verfassungskollektivs: Jerusalem gilt gewissermaßen als Hauptstadt und Zentrum der Welt. Um die Bestrebung der Palästinenser nach internationaler Anerkennung und einem eigenen Staat zu fördern wird Ost-Jerusalem vorgeschlagen.

(10) Bis zu ihrem endgültigen Richtspruch müssen die entsprechenden Kabale in Haft bleiben, hätten aber für den Fall, dass sie für unschuldig befunden würden, Anspruch auf eine entsprechende Entschädigung. In Deutschland liegt der Tagessatz für unschuldig Inhaftierte momentan bei 25,00 Euro.

(11) Mit dem aus den Enteignungen der Kabale frei werdenden Geld werden zunächst alle zwischenstaatlichen Schulden beglichen, bevor die internationale Treuhand den Rest an die einzelnen Territorien, Staaten und/oder Regionen weltweit aufteilt. Sollten darüber hinaus noch weitere zwischenstaatliche Schulden bestehen, werden diese - als Bedingung für die Auszahlung - in globalem Maßstab großzügig erlassen, sodass ein kompletter internationaler Schuldenschnitt zustande kommt.

(12) Ein globaler Schuldenerlass dieser Art wird nunmehr alle 1000 Jahre weltweit durchgeführt werden. Hierüber sollen sich alle bestehenden Staaten verständigen. Als nächstes Datum dieser Art wird bereits jetzt der 21.12.3020 vorgeschlagen.

(13) Zugleich wird von nun an für alle Tausend Jahre eine Art globaler Generalamnestie bestimmt bei welcher nicht nur alle Häftlinge entlassen werden, sondern zugleich das komplette Finanz- und Wirtschaftssystem bereinigt und im Anschluss neu gestartet wird. Entsprechende Bereinigungen haben immer dem bestmöglichsten Wohle aller Menschen zu dienen.

(14) Unverhältnismäßig große Eigentumsunterschiede sind auszugleichen.

(15) Menschliche und staatliche Größe liegen immer in ihrem Beitrag zum Wohle aller und nicht in persönlicher Gier. Daran ist Rechtschaffenheit zu messen und gegebenenfalls zu richten.

(16) Vertrauen entsteht durch Mitbestimmung! Im Sinne dieses <<Masterplans>> wäre es daher, wenn alle Staaten der Welt nach dem Vorbild der <<Deutschen Verfassung>> ihr Entscheidungsfindungssystem - unter Gewährleistung aller allgemein akzeptierten universellen Menschen- und Freiheitsrechte - basisdemokratisch überarbeiten.

(17) Weltweite Korruption, Kriminalität, Terrorismus und Krieg würden unter Berücksichtigung aller Bestimmungen dieses <<Masterplans der Wiederherstellung einer natürlichen Ordnung>> schon bald der Vergangenheit angehören.

(18) Derlei ist kein bloßes Versprechen an die Menschheit, sondern die Handschrift der wahren Menschheit!

IX.2. Universelle Menschenrechte

Folgende fünf Menschenrechte und -pflichten werden vom <<Masterplan>> als universell betrachtet:

1. Das Leben und die Gesundheit aller ist zu schützen!
2. Der Besitz und die Arbeit aller ist zu achten!
3. Das Eigentum ist gerecht zu verteilen!

Kommentar des Verfassungskollektivs: Darüber, was eine gerechte Umverteilung von Eigentum ist, kann man natürlich unterschiedlicher Auffassung sein. Dies bleibt auszuhandeln. Dass aber zuletzt 1% der Weltbevölkerung so viel gehörte wie den anderen 99% zusammen, verstieß eindeutig gegen dieses universelle Gesetz. Siehe bereits: IX.1. (14).

4. Die Wahrheit ist zu sprechen! Die Menschen sind nicht bewusst zu manipulieren!

Es gibt aus Sicht dieser Verfassung nur drei moralisch erlaubte Ausnahmen von der Pflicht zur Wahrheit:

>   a) um Leben zu retten;
>   b) um Frieden zu bewahren;
>   c) um wissenschaftliche Erkenntnisse oder Kunstwerke zu schützen.

5. Die Ehe ist zu achten, sofern nicht alle Beteiligten entschieden, bewusst in freier Liebe zu leben!

Kommentar des Verfassungskollektivs: Ehe ist der gesellschaftliche Vertrag zwischen einem Mann und einer Frau. Sie bedeutet "*Ewigkeit, Recht oder Gesetz*", daran ist nichts zu rütteln, solange dieselbe nicht rechtskräftig geschieden wird. Gleichgeschlechtliche Paare können einer Ehe gleichgestellte Lebensgemeinschaften eingehen, aber nicht heiraten. Bereits geschlossene „Ehen" dieser Art sollten wieder in Lebenspartnerschaften umbenannt werden.

IX.3. Kontinente und Kulturräume

(1) Die auf der Welt bestehenden Kulturräume decken sich nur im Ansatz mit den sieben Kontinenten Europa, Asien, Australien, Afrika, Nordamerika, Südamerika und Antarktis.

(2) Folgende neun großen Kulturräume können bei unvoreingenommenem Blick auf die Welt leicht im Hinblick auf ihre Sprache, Kultur und Religion identifiziert werden:

1. der europäisch-eurasische (Europa und Russland)

2. der südwest-asiatische (von Persien inklusive Tadschikistan bis Indien)

3. der zentralasiatische (von der Türkei über die zentralasiatischen Republiken bis in die Mongolei)

4. der südostasiatische (von China, Japan und Korea über Siam bis Papua-Neuguinea)

5. der anglo-ozeanische (Australien und Neuseeland)

6. der arabisch-hebräische (Nordafrika und der Nahe Osten inklusive Israel, ohne den Iran)

7. der schwarzafrikanische (Zentral- und Südafrika)

8. der anglo-amerikanische (USA, Kanada)

9. der latino-amerikanische (Mexiko, Mittel- und Südamerika)

(3) Zur Begründung:

Zu (1.): der europäisch-eurasische Kulturraum

a) Europa ist geographisch gesehen lediglich ein unbedeutendes Anhängsel von Asien, so wie Alaska ein Anhängsel Nordamerikas ist. Europa und Russland, von Lissabon bis Kamtschatka, gehören daher von jeher wirtschaftlich, kulturell und politisch zusammen!

b) Würden jedoch der Erfindungsreichtum und die Intelligenz der Europäer endlich wieder mit der Landmasse und den Bodenschätzen Russlands vereint, entstünde eine Weltmacht, deren Licht sich niemand widersetzen könnte. Die Kabale der globalen Dunkelheit wusste dies und hatten deshalb ein durchgängiges Interesse daran, die beiden Brüder Europa und Russland gegeneinander auszuspielen. Beide Weltkriege resultierten nicht zuletzt aus diesen geostrategischen Überlegungen.

Bis zu ihrem Untergang versuchte die Kabale vom Baltikum über Weißrussland bis in die Ukraine hinein einen instabilen „Sicherheitsgürtel" zu schaffen, um Russland von Deutschland und Europa zu trennen!

c) Im neu - von allen Menschen - zu gestaltenden neuen goldenen Erdzeitalter nach Babylon wachsen Europa und Russland endlich wieder in einem geeinten „Eurasien" zusammen. Entsprechend dieser Vorstellungen wird die gesamte Europäische Union (EU) als ein freierer Bund souveräner eurasischer Staaten umzuarbeiten sein, in dem auch Russland seinen natürlichen, ihm gebührenden Platz einnehmen wird!

d) Dieser fortan eurasisch genannte Kulturraum muss und wird zu seiner natürlichen Stärke zurückfinden und für *Frieden, Freiheit, Gerechtigkeit, Wohlstand und Gesundheit* sorgen!

e) Einzig ein in allen seinen Völkern friedlich geeinigtes Eurasien wird dieser Welt den lang ersehnten Frieden bringen!

f) Der atlantische Einfluss Eurasiens reicht bis nach Grönland, den Azoren und Madeira.

g) Im Osten endet Eurasien an seinen russischen Landesgrenzen.

h) Alle bestehenden nicht-indoeuropäischen Völkerschaften dieses „eurasisch" genannten Kulturraums sind bei größtmöglicher Autonomie ihrerseits in diesen zu integrieren.

j) Was mit den vielen europäischen - namentlich zumeist britischen oder französischen - Insel- und Überseebesitztümern weltweit (insbesondere im atlantischen und indischen Ozean) zu geschehen hat, sollte von den dort lebenden Bewohner entschieden werden. Entsprechende Abstimmungen können durchgeführt werden.

k) Gibraltar hat über seine natürliche Zugehörigkeit zu Spanien zu bestimmen.

l) Intern werden die beiden natürlichen, eurasischen Territorien „Europa" und „Russland" unterschieden. Hierzu sollte sich Russland sich in seine 21 autonomen Republiken (= Staaten) auflösen und somit selbst zur territorialen Verwaltungseinheit aufsteigen, was letztlich mehr und vor allen Dingen nachhaltigere Macht bedeutet als bloße Ein-Staatlichkeit.

Zu (2.): der südwest-asiatische Kulturraum

a) Der südwest-asiatische Kulturraum besteht aus den indo-europäischen Völkern von Persien bis Indien.

b) Ähnlich wie zwischen Europa und Russland sollte durch die Kabale ein Konflikt zwischen Persien und Indien beziehungsweise zwischen Pakistan und Indien künstlich geschürt werden.

c) Entsprechend herbeigeführte Rivalitäten dürfen überwunden werden.

d) Die ursprünglich aus dem fernen Osten stammenden Zigeuner (Ziganos, Chipsys, Sinti und Roma etc.) nehmen als letztes indo-europäische Volk ohne eigenes Land eine Sonderstellung ein. Ihnen darf daher Land in ihrer ursprünglichen nordindischen Heimat oder dem Sindh zugewiesen werden.

e) Bis dahin wird vom <<Masterplan>> gefordert, deren Traditionen zu achten und es ihnen selbst zu überlassen, inwieweit sie sich in die Kulturen ihrer Gastvölker eingliedern wollen oder nicht. Was wir nicht tun können, ist es, sie zu einer solchen Integration und/oder Assimilation zu zwingen, denn dies käme einem Völkermord gleich.

Zu (3.): der zentralasiatische Kulturkreis

a) Der zentralasiatische Kulturkreis besteht aus einer Reihe sprachverwandter Völker.

b) Die Turksprachen gehören neben dem Mongolischen und dem Tungusischen zu den sogenannten altaischen Sprachen, welche gemeinsam mit dem Finnisch-Ugrischen die sogenannte ural-altaische Sprachfamilie bilden, den nächsten Verwandten der indoeuropäischen Sprachgruppe.

c) Die indo-europäischen Völker verband mit den zentralasiatischen eine über Jahrtausende andauernde Freundschaft!

d) In Eurasien sollte das turksprachige Territorium aus einem türkischen, kasachischen und zentralasiatischen Großraum bestehen.

e) Den indo-europäischen Kurden, welche die Südflanke des zentralasiatischen Kulturraums verteidigen, gebührt ein eigener Staat! Mit allen benachbarten Ländern – insbesondere auch mit der Türkei - muss Frieden geschlossen werden!

Zu (4.): der südostasiatische Kulturkreis

a) Der südostasiatische Kulturkreis besteht (in alphabetischer Reihenfolg) aus China, Indonesien, Japan, Kambodscha, Korea (2), Laos, Malaysia, Myanmar, den Philippinen, Thailand und Vietnam.

b) Korea ist mittelfristig wieder zu vereinigen.

Zu (5.): der anglo-ozeanische Kulturkreis

Der anglo-ozeanische Kulturkreis besteht aus Australien und Neuseeland.

Zu (6.): der arabisch-hebräische Kulturkreis

a) Araber und Hebräer, die Sprecher semitischer Sprachen, sind geborene Brüder und sollten dieses natürliche Geschenk der Zusammengehörigkeit und des Friedens endlich annehmen.

b) Erst wenn im arabisch-hebräischen Kulturkreis Frieden einkehrt, kann es Frieden in der gesamten Welt geben. Einer Zweistaatenlösung zwischen Israel und Palästina ist der Vorzug einzuräumen.

Zu (7.): der schwarzafrikanische Kulturkreis

a) Zum schwarzafrikanischen Kulturkreis werden alle Subsahara-Länder mit überwiegend dunkelhäutiger Bevölkerung gerechnet.

b) Schwarzafrika sollten stolz auf seine Herkunft als Wiege der Menschheit sein.

Zu (8): der anglo-amerikanische Kulturkreis

a) Der anglo-amerikanische Kulturkreis besteht aus den beiden Territorien Kanada und USA.

b) Den indianischen Nationen dieses Kulturkreises haben Anspruch auf entsprechendes Stammesland und sind mit ihren traditionellen Rechten zu respektieren.

Zu (9.): der latino-amerikanische Kulturkreis

a) Zum latino-amerikanischen Kulturkreis gehören alle lateinamerikanischen Länder von Mexiko bis Feuerland (Argentinien).

b) Der Kulturkreis hat seine Unabhängigkeit gegenüber dem anglo-amerikanischen Kulturkreis zu bewahren.

c) Den Einwohnern von Chiapas (Mexiko), Yanomami (Brasilien), Kogi (Kolumbien) und vergleichbaren Ethnien oder Zusammenschlüssen verschiedener Ethnien ist weitestgehende Autonomie zu gewährleisten.

(4) Das hier dargelegte Modell einer dezentralisierten, multipolaren Gliederung (im Gegensatz zu einem zentralistischen Imperium unter Leitung der USA) entspricht einer „natürlichen Weltordnung".

IX.4. Kulturräumliche Grundsatzentscheidungen

(1) Die neun bestehenden Kulturräume fungieren als internationales Ordnungssystem und kulturelle Verwaltungseinheiten. Sie können globale Bündnisse zum Wohle aller miteinander eingehen. Darüber hinaus verpflichten sich alle Kulturräume zu gegenseitigem Respekt und Solidarität.

(2) Die territorialen Grenzen zu den jeweils anderen Kulturräumen werden langfristig fest geschrieben und sind zu respektieren.

(3) Die interne Vielfalt aller Kulturräume mit der Vielfalt ihrer jeweiligen Völker, Sprachen und Religionen ist zu gewährleisten.

(4) Sollten weiterhin interne oder externe Differenzen auftreten, werden diese mit folgenden sieben internationalen Prinzipien friedlich beigelegt:

1. der zu gewährleisteten Autonomie aller Regionen;
2. der Orientierung an naturräumlichen Gegebenheiten;
3. der Vermeidung und/oder Auflösung von Enklaven;
4. der Einführung von basisdemokratischen Rätesystemen;
5. die Verwendung einer friedvollen, wertschätzenden Kommunikation;
6. der Konsensentscheidungen im Kreis sowie
7. dem Prinzip von Schlichtung und Ausgleich anstelle von Richtung!

(5) Es gilt bei allen Entscheidungen immer zu ergründen, welches die wahren Bedürfnisse der Menschen sind. Diese Bedürfnisse ergänzen sich gegenseitig und führen zu einem höheren Ganzen.

Kommentar des Verfassungskollektivs: Es in jeder Angelegenheit möglich, einen gemeinsamen Konsens zu erarbeiten! Von dieser Grundüberzeugung sollten wir uns immer leiten lassen!

(6) Alle Macht hat von den Menschen auszugehen. Bei Unklarheiten über die Zuordnung zu einem der neun genannten bestehenden Kulturräume oder ihren Untergliederungen muss die betreffende Wohnbevölkerung abstimmen und wählen dürfen, wobei jedoch territoriale Enklaven zu vermeiden sind! Bereits bestehende Enklaven können per Volksabstimmung aufgehoben werden.

(7) Hinsichtlich der Landfläche, Bevölkerungszahl und Wirtschaftsleistung sollen sodann innerhalb der neun bestehenden Kulturräume vergleichbare Einheiten geschaffen werden, die wir Territorien, Großräume, Regionen, Landkreise (Provinzen), Städte und Gemeinden nennen.

(8) Alle in einem Staat oder Großraum zusammengefassten Regionen behalten oder bekommen eine quasi staatsmäßige Souveränität.

(9) Einbürgerung obliegt diesen autonomen Regionen.

(10) Bei den hier vorgeschlagenen Grundreglungen geht es immer um eine territoriale, staatliche und regionale Gliederung der Erde, die sich an bestehenden Ländergrenzen, Naturräumen, Kulturen, Sprachen und Religionen orientiert.

(11) Jede kommunale, provinziale, regionale, staatliche, großräumliche, territoriale oder kulturräumliche Verwaltungseinheit bestimmt selbst über ihre Hauptstadt.

(12) Alle weiteren Reglungen sind gemeinsam im ordnenden und friedensstiftenden Sinn der Grundgedanken dieses <<Masterplans>> zu treffen.

IX.5. Untergliederung der Kulturräume ("territoriales Wohnortprinzip")

(1) Alle Kulturräume gliedern sich auf natürliche Art und Weise in folgende fünf Gebietskörperschaften:

1. Territorien oder territoriale Verwaltungseinheiten

2. souveräne nationale Großräume und/oder Staaten mit eigener Verfassung

Unter <<Staat>> verstehen wir eine souveräne und nach Möglichkeit autarke Verwaltungseinheit. „Staaten" im herkömmlichen Sinn (wie z.B. Deutschland) bilden lediglich eine Zwischenstufe auf dem Weg zu den angestrebten nationalen Großräumen (z.B. *Germanien*) mit ihren entsprechend autonomen Regionen. Jegliche politische und strukturelle Organisation erfolgt von unten nach oben!

3. autonome Regionen, regionale Verwaltungseinheiten oder Länder mit quasi staatsähnlichen Befugnissen

Alle Völker der Welt mit eigenem Land haben Anspruch auf einen eigenen Staat oder zumindest doch eine eigene autonome Region mit staatsähnlichen Befugnissen. Hierzu zählen u.a. die Basken, Katalanen, Kurden, Tibeter oder Uiguren.

4. Landkreise oder provinziale Verwaltungseinheiten

5. Städte und Gemeinden oder kommunale Verwaltungseinheiten

(2) Privat- und handelsrechtliche territoriale Konstrukte sind aufzulösen!

(3) Der eigentliche Souverän sollten immer die freien Menschen selbst sein und bleiben, welche sich ihrerseits in natürliche Familien, Sippen, Clans, Stämme, Völker und Kulturen gliedern und entsprechend organisieren.

(4) Der natürlichen Selbstorganisation der Menschen ist und bleibt der Vorzug vor jeglicher verwaltungstechnischer Gliederung einzuräumen. Beide Gliederungsarten sind jedoch gewissermaßen *natürlich* vorgesehen und nach Möglichkeit *einheitlich* und *friedlich* für die gesamte Welt durchzuführen und einzuhalten.

(5) Die behördliche Verwaltung ist dazu da, ein Leben in Frieden, Freiheit, Gesundheit, Wohlstand und Gerechtigkeit zu ermöglichen. Sie hat den Menschen zu dienen und nicht umgekehrt.

IX.6. Einteilung der Menschen in <<Völker>> genannte Sprachgruppen ("linguistisches Herkunftsprinzip")

(1) Eine Zusammenkunft und Organisation von Menschen in Familien, Sippen (Nachbarschaften), Dörfern, Clans, Stämmen, Völkern und Kulturen sollte weltweit gefördert werden, weil sie dem menschlichen Naturell entspricht.

(2) Je besser das linguistische Herkunftsprinzip mit dem territorialen Wohnortprinzip übereinstimmt, desto fruchtbringender wird die Vielfalt der so überlebenden und neu entstehenden Kulturen für die gesamte Menschheit sein.

(3) Ein auf diese Art entstehender „Regionalismus" oder „Patriotismus" könnte auch als „natürlicher Rassismus" bezeichnet werden. Er betont nicht nur die Liebe zur eigenen Heimat und zum eigenen Volk, sondern zugleich die schützenswerte Eigenartigkeit des jeweils anderen! Er stemmt sich auf diese Weise gleichermaßen gegen die konformistische, nivellierende, kabalistische „liberale" Globalisierung von oben (= NWO). Dieser wiederum entspricht in Wirklichkeit einem negativen, abwertenden <<Rassismus der Spaltung>>, der letztlich immer auf der Abwertung der eigenen Zugehörigkeit basiert und uns von eben jener Kabale aufoktroyiert wurde, die ihn zu bekämpfen vorgab!

(4) Nur wer seine eigene kulturelle, historische, linguistische und auch genetische Abstammung positiv anerkennt und Stolz auf seine Ahnen entwickelt, wird dieselben positiven Merkmale auch in seinem „fremden" Gegenüber erkennen und schätzen können! Selbstverleugnung führt zu Rassenhass! Kulturelle, linguistische und auch genetische Selbst-Anerkennung und -liebe führt hingegen zum gegenseitigen Respekt und damit der Freundschaft der Menschen und Völker!

(5) Unsere Stammes-, Volks- und Rassenzugehörigkeit basiert auf genetischen, linguistischen, kulturellen und religiösen Merkmalen. Sie gewährleistet Variabilität und Resilienz, Vielfalt und Entwicklung. Sie bietet so den besten Schutz gegen eine menschenverachtende Globalisierung der Manipulatoren (= Kabale), welchen wir hier als <<Rassismus der Spaltung>> benannten.

(6) Eine entsprechende Volkszugehörigkeit oder gar Stammeszugehörigkeit sollte daher - unabhängig von Religions- oder Glaubensmustern – eindeutig definiert und auch anerkennend in den internationalen Ausweisen vermerkt werden. Diese Art der Vielfalt schafft Verbundenheit!

(7) Die Wohnbevölkerung der fünf Kulturräume ist nicht mehr mit den ursprünglichen Wohnräumen der Bevölkerung identisch.

Kommentar des Verfassungskollektivs: In Nordamerika wohnen heutzutage beispielsweise mehr weiße Europäer und Schwarzafrikaner als Indianer.

(8) Wir können aber unseren global-solidarischen, menschlichen Zusammenhalt nur dann aus vollem Herzen leben, wenn zugleich unsere eigenen Bedürfnisse nach nationaler Zugehörigkeit, Autonomie und Autarkie erfüllt werden.

Kommentar des Verfassungskollektivs: Es macht beispielsweise mehr Sinn 1000 Euro an die Familien der eigenen Nachbarschaft aufzuteilen, als sie einer internationalen Hilfsorganisation zu spenden.

(9) Daher ist eine entsprechend strikte <<ethnische>> oder <<völkische>> Einteilung zum Wohle aller - zumindest momentan - noch immer notwendig.

Kommentar des Verfassungskollektivs: Völkisch in eben jenem Sinn wie bereits Jesus Christus sagte: „Liebe deinen Nächsten wie dich selbst!" Wer sich selbst (sein eigenes Volk) nicht liebt, wird andere (Völker) nie lieben können! Jesus selbst sah sich in erster Linie zunächst einmal lediglich seinem eigenen Volk verpflichtet. Fremde wurden hierdurch keinesfalls abgewertet! Ganz im Gegenteil: Wer die Völker und ihre Kulturen liebt, ist ein Freund der Menschen!

(10) Ein gemeinsamer, alle Menschen verbindender Verfassungspatriotismus darf entstehen. Und mit diesem neue Völker, die sich ihrer gemeinsamen Heimat verbunden fühlen.

(11) Wir werden friedlich zusammenleben, sobald wir unserer Unterschiedlichkeiten akzeptieren und nicht versuchen, sie künstlich oder zwanghaft zu unterdrücken.

Kommentar des Verfassungskollektivs: Eine offizielle Verpflichtung zur Toleranz ist hierbei der genau falsche Weg! Eine diesbezügliche Gesetzgebung ist entsprechend illegitim. Darüber hinaus kann es immer nur um Wahrheit und niemals um politische Korrektheit als Selbstzweck gehen.

IX.7. Organisation der Menschen in Wahlgemeinschaften

(1) Zusätzlich zum territorialen Wohnortprinzip (IX.5.) und dem linguistischen Herkunftsprinzip (IX.6.) können und sollten sich die Menschen gemäß ihres Glaubens, ihrer Präferenzen und Weltbilder regional zusammenschließen.

(2) Diese Wahlgemeinschaften sind nach innen und außen hin lediglich den individuellen Freiheitsrechten, universellen Menschenrechten sowie den generellen mitmenschlichen und ethischen Gepflogenheiten unterworfen. Vergehen gegen regionale und/oder staatliche Strafgesetze können und sollten natürlich weiterhin geahndet werden.

(3) Entsprechende Wahlgemeinschaften sind darüber hinaus an keinerlei staatliche oder sonstige Bevormundungen oder Beeinflussungen gebunden. Im Gegenzug sind sie natürlich auch von jeglicher diesbezüglicher Unterstützung (staatliche Subventionen, soziale Zuwendungen, Unterhalt, Bildungswesen, Gesundheitswesen etc.) ausgenommen.

(4) Die Gründung und Organisation von Wahlgemeinschaften kann bis hin zu deren vollständigen Autonomie gehen! Ein allgemeines Wegerecht ist zu gewährleisten!

(5) Natürlich entsteht durch selbstbestimmte autonome Wahlgemeinschaften die Gefahr der Bildung von dogmatischen Sekten, räuberischen Banden oder ordnungsfeindlichen Parallelgesellschaften, so wie in jedem gesunden menschlichen Körper zugleich auch Krebszellen entstehen.

(6) Aufgrund des steigenden globalen Bewusstseins wird es den einzelnen Menschen jedoch einfach werden, diese Krebszellen mit seinem bloßen Herzen zu erkennen und nicht weiter zu unterstützen. Dadurch würden sie auf eine legale Art und Weise trocken gelegt oder wie im Falle der Heilung menschlichen Krebses in ein basisches Milieu überführt, mit der Folge, dass sie früher oder später von alleine wieder absterben.

(7) Eine aktive Bekämpfung kranker Zellen ist hingegen der absolut falsche Weg, da sie hierdurch mittel- und langfristig nur gestärkt würden und sich weiter ausbreiteten.

Kommentar des Verfassungskollektivs: Es gelten die hermetischen Gesetze: „Energie folgt der Aufmerksamkeit!" Und: „Aufmerksamkeit folgt der Energie!"

(8) Auch der menschliche Krebs kann niemals durch Chemotherapie überwunden werden.

Kommentar des Verfassungskollektivs: Es gilt bei Krebs das Immunsystem zu stärken, nicht es zu schwächen. Chemotherapie ist vorsätzliche Körperverletzung, oftmals mit Todesfolge. Manche überleben ihre Krebs trotz der „Chemie", niemals aber wegen ihr.

(9) Ganz im Gegensatz zu den IX.7. (5) bis (7) DV geäußerten Befürchtungen ist zu erwarten, dass sich die Menschheit durch die Möglichkeit zur Bildung autonomer Wahlgemeinschaften eine Reihe zusätzliche *Qualitäten* erwirbt. Diese werden früher oder später von der gesamten Menschheitsfamilie gewinnbringend eingesetzt werden können.

(10) Fazit: Der freie Zusammenschluss von Menschen in Interessens- und Wahlgemeinschaften - unabhängig ihres Wohnortes und ihrer Herkunft - ist zu gewährleisten und gegebenenfalls sogar im Sinne autarker, sich mit allem selbst versorgenden Einheiten, zu unterstützen und schützen.

IX.8. Namensrecht

(1) Jeder heißt so, wie ihn seine Eltern in gemeinsamer Entscheidung nannten. Dies ist unser eigentlicher Name als Mensch. Wir sprechen auch vom elterlichen Vornahmen.

(2) Darüber hinaus kann und sollte jedes Volk die Namensgebung seiner Angehörigen selbst regeln.

(3) Ein weiterer spiritueller, religiöser oder weltanschaulicher Initiationsname kann von entsprechenden Autoritäten verliehen werden und nach dem elterlichen Vornamen geführt werden.

(4) Sollte jemals aus verwaltungstechnischen Gründen eine einheitliche Namensgebung für alle Menschen erfolgen, wird hiermit die Empfehlung ausgesprochen, über unseren eigentlichen Namen hinaus einen weiteren amtlichen Familiennamen nach dem spanischen Vorbild „als Doppelname" einzuführen, wenn auch mit Präferenz der weiblichen Linie als erstem Namensbestandteil.

(5) Hierbei würde der erste Bestandteil des Familiennamens der Mutter zum ersten Bestandteil des Familiennamens des neugeborenen Kindes. Der erste Bestandteil des Familiennamens des Vaters würde zum zweiten Bestandteil des Familiennamens der Kinder. Die Familie selbst hieße entsprechend dieser Namenskombination.

(6) Dieser amtliche Familienname - ebenso wie unser elterlicher Vorname - bestünde ein Leben lang und änderte sich beispielsweise auch bei einer Hochzeit nicht. Unser eigentlicher Name („Vorname") würde daher im Ausweis durch den Zusatz „aus der Familie" (z.B. XX-XY) ergänzt. Das entsprechende Namensrecht wäre matrilinear. Lediglich der Initiationsname aus IX.8. (3) DV kann sich im Laufe des Lebens je nach Weiterentwicklung des Menschen ändern.

Kommentar des Verfassungskollektivs: Herr Georg Dotz und Frau Ingeborg Schilling bekommen einen Jungen, den sie „Peter" nennen. Es ist Peter aus der Familie Schilling-Dotz. Sollte Peter mit 20 von einem spirituellen Meister den rituellen Initiationsnamen „Sternensammler" verliehen bekommen, wäre es Peter Sternensammler aus der Familie Schilling-Dotz.

Mit 30 bekommt Peter eine Tochter mit Silke Hamster-Schmidt, die sie Greta nennen. Greta heißt nunmehr mit vollem Namen Greta aus der Familie Hamster-Schilling.

IX.9. Zugehörigkeit

(1) Jeder Mensch hat ein natürliches Bedürfnis nach Zugehörigkeit in Familie, Sippe, Dorf, Clan, Stamm, Volk, Nation und Rasse. Dies zu gewährleisten ist ein Menschenrecht! Damit ist keinerlei Abwertung entsprechender Zugehörigkeiten anderer verbunden!

(2) Zu früheren Zeiten besiedelte die Sippe die Nachbarschaft, mehre Sippen bildeten ein Dorf, mehrere Dörfer einen Clan, Unterstämme die Provinz, Stämme die Region, das Volk den Staat oder die Nation und die Rasse den Kulturkreis. Hieran gilt es sich erneut zu orientieren.

(3) Die den bestehenden Kulturkreisen untergeordnete Volks- beziehungsweise Sprachzugehörigkeit wird gemäß dem vorliegenden <<Masterplan>> bei entsprechender Neuordnung nicht nach der heutigen Nenn-Nationalität bestimmt, sondern nach der tatsächlichen Muttersprache oder Herkunft.

Kommentar des Verfassungskollektivs: Mit Nenn-Nationalität ist beispielsweise der bundesrepublikanische Personalausweis gemeint.

(4) Wären theoretisch zwei oder mehr Volkszugehörigkeiten möglich, wird der bevorzugte Wohnort der entsprechenden Menschen zugrunde gelegt. Es bedarf hierzu im Zweifelsfall unabhängiger Expertenkommissionen.

(5) Eine alles nivellierende Globalisierung von oben im Sinne einer NWO zerstört das menschliche Wesen.

(6) Jeder Mensch hat nicht nur das Recht, sich in seinem Heimatland frei zu bewegen, sondern die ganze Welt zu bereisen. In seinem Heimatland darf er darüber hinaus nächtigen, wo immer er möchte und niemanden sonst stört.

(7) Über ein Niederlassungs- und Arbeitsrecht außerhalb des eigenen Heimatlandes bestimmen die jeweiligen regionalen und nationalen Gesetze.

IX.10. Nomadenparagraph

(1) Nomadisieren, also das vorrübergehende Nächtigen an dafür vorgesehenen Plätzen verbunden mit gelegentlichem Arbeiten, muss auf der ganzen Welt erlaubt sein.

(2) Die nomadische Lebensweise muss regional, staatlicherseits und international gewährleistet und als kulturelles menschliches Erbe anerkannt werden. Es ist sicherzustellen, dass hierfür eine ausreichende Anzahl von Rastplätzen zur Verfügung gestellt werden.

(3) Eine Okkupation entsprechender Plätze für mehr als drei Tage seitens der Nomaden kann hingegen durch die örtlichen Behörden unterbunden werden. Es kann zudem angeordnet werden, dass nach Verlassen des Platzes mindestens ein Monat vergehen muss, bevor ein erneuter Zugang gewährt wird. Dies alles hat in Absprache mit der heimischen Bevölkerung und den örtlichen Behörden zu geschehen.

(4) Die entsprechenden freien Rastplätze sind sauber zu hinterlassen.

(5) Jeder Mensch hat unabhängig von seinem natürlichen Grundrecht zu Nomadisieren das Recht auf eine offizielle Heimatregion, wo er sich niederlassen und arbeiten darf und im Fall von Straffälligkeit auch abgeschoben werden könnte.

(6) Menschen ohne Heimatadresse kann durch die Einwohnermeldeämter eine solche zugeordnet werden.

IX.11. Sprachen

(1) Die irdische Sprach- und damit Volksvielfalt ist als kulturelles Gut erster Güte bestmöglich von der Weltgemeinschaft zu bewahren.

(2) Jede territoriale Gebietskörperschaft bestimmt selbstständig über seine offiziellen Verkehrssprachen.

IX.12. Religionen

(1) Glauben gehört zum Menschsein. Alle Religionen sind Teil des menschlichen Erbes und haben ein Anrecht darauf geschützt und bewahrt zu werden, sofern sie im Geist des Friedens und der Freiheit wirken.

(2) Glauben und Intuition gehören ebenso zusammen wie Gefühle und Gedanken oder Empfindungen und die menschliche Physis. Sie können nicht wirklich voneinander getrennt werden.

(3) Eine wahre Religion strebt immer nach Übereinstimmung und Verbindung von allem und nicht nach Abgrenzung. In diesem Sinne müssen auch der Atheismus und Agnostizismus einen festen, gleichberechtigten im Konzert des Glaubens einnehmen dürfen.

(4) Es darf keinen Zwang im Glauben geben!

(5) Die Religion oder der Glaube eines Menschen ist nichts ein für alle Mal Festgeschriebenes, sondern wandelt sich, variiert und kann jederzeit gewechselt werden. Diese Grundfreiheit wird allen zugestanden!

IX.13. Familienzugehörigkeit und die Biologie des Menschen ("biologisches Prinzip")

(1) Jeder Mensch wird von einem Vater gezeugt und einer Mutter geboren.

(2) Ausnahmen bestätigen die Regel und sind durch entsprechende Bestimmungen einheitlich - nämlich einen Vater und eine Mutter oder einen Vormund bestimmend - jeweils auf kommunaler Ebene in dieses natürliche Prinzip zu integrieren.

(3) Bereits mit 7 Jahren tritt die Persönlichkeit klar hervor und darf in einer Kindsleite gefeiert werden. Das Kind erhält jetzt das Recht ein Messer zu tragen.

(4) Mit 14 Jahren beginnt die natürliche Ablösung vom Elternhaus (Jugendleite), welche mit dem Teilnahmerecht an Ratsversammlungen einhergeht.

(5) Mit 21 tritt die endgültige Selbstständigkeit eines jeden gesunden, freien Menschen ein. Er hat nunmehr das Anrecht auf einen Junggesellenacker.

(6) Es ist Sache einer jeden Region oder eines jeden Staates, diese soziologischen Übergänge gemäß seiner eigenen Kultur und Traditionen zu vollziehen.

(7) Ein Mensch verbleibt zeitlebens Mitglied seiner Herkunftsfamilie; mit der Hochzeit begründet er zudem eine eigene Wahlfamilie.

(8) Die Familie ist und bleibt die Kernzelle jeglicher gesellschaftlicher Entwicklung.

(9) Im Falle einer Hochzeit vereinen sich auch die Ahnen beider Herkunftsfamilien.

(10) Es obliegt jeder Familie, in den die öffentlichen Angelegenheiten betreffenden Dinge mit einer Stimme zu sprechen.

(11) Sobald sich eine Familie über die Herkunftsfamilie hinaus in mehrere Wahlfamilien mit wiederum eigenen Kindern entfaltet, kann von einer Sippe gesprochen werden.

(12) Mehrere Sippen begründen einen Clan. Mehrere Clans begründen einen Stamm.

(13) In jedem Fall ist zu einem natürlichen Herkunftsprinzip zurückzufinden.

(14) Spätestens ab dem Erreichen der Volljährigkeit mit 21 Jahren hat grundsätzlich jeder Mensch - unabhängig seines biologischen Ursprungs oder anderer Unterscheidungskriterien - die gleichen Rechte und Pflichten.

(15) Diese Rechte und Pflichte werden bis in den Tod bewahrt.

(16) Als drittes Geschlecht neben <<Mann>> und <<Frau>> kann <<weder typisch Mann noch typisch Frau>> anerkannt und mit den gleichen Rechten und Pflichten wie die beiden anderen wertgeschätzt werden. Derartiges sollte staatlicherseits aber weder beworben und gefördert noch bestraft werden.

(17) Wie bereits beim Namensrecht (IX.8.) und der Zugehörigkeit eines Menschen (IX.9.) geht der <<Masterplan>> zunächst einmal von einem bleibenden Namen, einer bleibenden Volkszugehörigkeit und einem bleibenden Geschlecht als zugrunde liegende Identität der Person aus. In begründeten Ausnahmefällen können jedoch Sonderregeln getroffen werden.

IX.14. Traditionelle Männlichkeit und Weiblichkeit

(1) Die Hauptaufgabengebiete von Männern in den traditionellen Kulturen unserer Welt werden hier wie folgt umschrieben:

- der Schutz alles ganzheitlich Weiblichen (also der Natur, Heimat, Freiheit etc.)
- die Verwirklichung der eigenen Vision/Mission in der Welt
- der Schutz und die Ernährung der eigenen Familie

(2) Die Hauptaufgabengebiete von Frauen in den traditionellen Kulturen unserer Welt werden hier wie folgt umschrieben:

- die Wertschätzung der männlichen Individualität
- die Achtsamkeit in allem Tun und Empathie für alles Leben
- die Fürsorge und seelische Nährung der eigenen Familie

(3) Diese Einteilung entspricht keinerlei Dogmen, sondern folgt einfach den in der Natur zu beobachtenden Prinzipien. Der <<Masterplan>> sieht es daher vor, an dieser natürlichen Polarität zwischen Mann und Frau grundsätzlich festzuhalten.

(4) Letztlich beruhen alle partnerschaftlichen Aspekte auf der persönlichen Übereinkunft zwischen Mann und Frau beziehungsweise der Partner.

(5) Nur gemeinsam können Mann und Frau in ihrem Bestreben erfolgreich sein, eine gute, gelingende, sich gegenseitig befruchtende Partnerschaft und Liebesbeziehung zu führen. Mit zunehmender Erfahrung sowie einer entsprechenden Bereitschaft, hierbei immer wieder auch an sich selbst zu arbeiten, können auftretende Schwierigkeiten überwunden werden. Manchmal ist es jedoch auch besser, sich zu trennen und es mit einem anderen Partner erneut zu versuchen. Über diese Dinge hat alleine das Paar zu entscheiden.

(6) Konstellationen unter Erwachsenen mit mehreren oder wechselnden Partnern können toleriert, sollten aber staatlicherseits weder beworben noch gefördert werden. Natürlich dürfen sie auch nicht bestraft werden, sofern sie dem freien Willen aller Beteiligten entsprechen.

(7) Pädophilie bleibt unter Strafe gestellt und wird international geächtet.

IX.15. Traditionelle menschliche Kultur

(1) Jeder Stamm, jedes Volk, jede Nation und jede Kultur sollte - bei aller notwendigen, kritischen Betrachtung - stolz auf das von ihm/ihr Geleistete sein und danach streben, es bis in alle Ewigkeit weiterentwickelnd zu bewahren.

(2) Diese Normalität sollte insbesondere auch von den Deutschen wieder als Norm akzeptiert werden.

(3) Eine traditionelle gesamtmenschliche Kultur im Sinne des <<Masterplans>> wird hier erstmals wie folgt definiert:

- ganzheitliche Hygiene
- Schöpfertum und Freiheit anstelle von Knechtschaft
- Schutz und Bewahrung allen Lebens
- Empathie mit allen Wesen
- Gleichberechtigung aller Menschen
- natürliche Hierarchien
- das Recht auf den Erwerb und Betrieb eines Familienlandsitzes
- das Recht zu Nomadisieren
- Gastfreundschaft und Gastespflicht
- friedvolle, wertschätzende Kommunikation
- das eigene Wort halten, denn hiernach wird man gerichtet
- Schlichtung und Wiedergutmachung anstelle von Bestrafung
- stete Umverteilung von Gütern
- Abfallvermeidung und Wiederverwertung
- vielfältiger Spracherwerb
- Integration in bereist bestehende Verhältnisse
- agonaler Spieltrieb und ludische Konkurrenz
- freie Nutzung von Lehrerpflanzen

(4) Das Verfassungskollektiv würde eine solche Kultur auch als „vedisch" bezeichnen.

X.16. Menschliche Gruppen

(1) Nach dem bisher Gesagten gibt es eine siebenfache und zugleich abschließende sinnvolle Einteilung von Menschen:

1. nach dem Alter
2. nach dem genetischen Herkunftsprinzip der Abstammung
3. nach dem territorialen Wohnortprinzip (IX.5.)
4. nach dem linguistischen Herkunftsprinzip der Muttersprache (IX.6.)
5. nach seiner Religion oder seinem Glauben (IX.12.)
6. nach dem biologischen Prinzip von Mann oder Frau (IX.13.)
7. nach dem Bildungsstand, beruflicher Qualifikation oder ausgeübtem Beruf

(2) So zu tun, als gäbe es diese Unterscheidungen nicht, widerspricht einer natürlichen, vom vorliegenden <<Masterplan>> favorisierten Ordnung.

(3) Eine entsprechende primäre Zugehörigkeit sollte immer auch dann getroffen werden, wenn in der Praxis mehrfache Möglichkeiten vorliegen wie beispielsweise mehrere Wohnorte, Eltern verschiedener Volkszugehörigkeiten, mehrere akzentfrei oder fast akzentfrei gesprochene Sprachen, die Zugehörigkeit zu verschiedenen Glaubensrichtungen oder mehrere Berufe et cetera.

(4) Von den allgemeinen Freiheits- und Menschenrechten abgesehen, entscheidet über die regionalen Rechte und Pflichten eines Menschen einzig und allein das territoriale Wohnortprinzip.

(5) Jegliche weitere Einteilung von Menschen entspringt bloßen Spielereien, wie beispielsweise nach ihrer sexuellen Orientierung, nach ihrer Weltanschauung, in <<rechts>> oder <<links>>, nach ihrer Größe, Dicke, Augenfarbe, Intelligenz, Empathievermögen, Medialität, körperlichen Verfassung oder dem Klang ihres Namen et cetera.

(6) Niemand darf aus den in IX.16. (5) DV genannten oder ähnlichen Gründen benachteiligt oder bevorzugt werden.

(7) Jegliche weiteren Unterteilungen von Menschen werden vom <<Masterplan>> als nicht sinnvoll erachtet. Wenn auch in Völkern unterschieden, sind wir eine einzige Menschheitsfamilie.

Kommentar des Verfassungskollektivs: Auch der menschliche Körper besteht aus verschiedenen Organen, um lebensfähig zu sein und zu bleiben.

(8) Hinsichtlich der Ansiedlungsfrage neuer Zuwanderer, muss sich jede Kommune in demokratischer Weise selbst Regeln erlassen, welcher Art diese Zuwanderung - gemäß den Kriterien von IX.16. (1) DV - sein soll und darf.

(9) Eine Ausnahme von IX.16. (8) DV bildet der Familiennachzug: Wer sich erst einmal mit allen Rechten niedergelassen hat, darf selbstverständlich seine Wahlfamilie nachholen oder sollte im Vorfeld das Recht auf Niederlassung und damit auf dauerhafte Ansiedlung niemals verliehen bekommen!

(10) Wenn eine Kommune entscheidet: „Wir wollen keine weiteren Männer ab 70 (Geschlecht und Alter), Schwarzafrikaner (Abstammung), Südostasiaten (Wohnort), englische Muttersprachler (Sprache), Muslime (Religion) oder Versicherungsvertreter (Beruf) mehr aufnehmen!", so muss dies im Sinne der Basisdemokratie akzeptiert werden!

(11) Wurde jedoch die unbeschränkte Ansiedlung genehmigt, gelten das Recht auf Nachzug der Wahlfamilie (siehe bereits: IX.16. (9) DV) sowie die generelle Gleichberechtigung aller Menschen.

IX.17. Asyl

(1) Das Asylrecht gilt immer nur für die Wohnbevölkerung des eigenen Kulturkreises und muss von diesem intern konkretisiert und geregelt werden. Flüchtlinge anderer Kulturkreise sollten in eben diesen untergebracht werden.

(2) Innerhalb des eigenen Kulturkreis gilt das Asylrecht grundsätzlich und ausnahmslos für alle politisch Unterdrückten sowie für alle minderjährigen Flüchtlinge.

(3) Das Asylrecht sieht immer nur eine temporale Aufenthaltserlaubnis vor.

(4) Es ist ausdrücklich nicht an das territoriale Wohnrecht und die damit einhergehenden Rechte geknüpft.

(5) Als Gegenleistung zur Gewähr eines menschenwürdigen Asylrechts können von den Flüchtlingen die Einhaltung der allgemeinen kulturellen Regeln sowie eine vernünftig begrenzte Arbeitsleistung erwartet werden.

(6) Verstößt ein Flüchtling / Asylant eindeutig wiederholte Male oder einmal in einem eklatanten Fall gegen das herrschende Strafrecht, darf und sollte er ungeachtet der dort herrschenden Verhältnisse wieder in seine Herkunftsregion abgeschoben werden.

IX.18. Der Oberste Weltrat

(1) Nach der mit dem Abschluss der Friedensverträge mit Deutschland notwendigen Auflösung der UNO, welche noch immer auf dem Kriegsrecht des zweiten Weltkriegs basiert, wird eine gemeinsame Welthauptstadt bestimmt.

(2) Vom <<Masterplan>> als Welthauptstadt vorgeschlagen wird - wie bereits für einen potentiellen neuen Internationalen Gerichtshof - Ost-Jerusalem.

(3) Zur Begründung: Jerusalem ist das natürliche Zentrum der Welt und zugleich die natürliche Hauptstadt des zentralen Kulturkreises, welcher Nordafrika, Israel und den Vorderen Orient umfasst. Sie ist das Zentrum der drei Weltreligionen Judaismus, Christentum und Islam. Das der westliche Teil Jerusalems also bereits als natürliche Hauptstadt des arabisch-hebräischen Kulturkreises fungiert, stellt sich Ost-Jerusalem als idealer Ort einer gemeinsamen Welthauptstadt und Sitz des Obersten Weltenrats dar.

(4) Dies wäre zugleich ein starkes Symbol an die lange Zeit durch die westliche Hegemonie unterdrückten Palästinenser und Araber.

(5) Die UNO - auch in Form eines <<Internationalen Völkerbundes>> ist keine Weltregierung. Eine solche darf und soll es niemals geben.

(6) Sollte sich je ein Oberster Weltrat in basisdemokratischer Art und Weise bilden, so wäre auch dieser lediglich der oberste Rat der Welt. Er hätte keinerlei Entscheidungsbefugnis, die nicht zuvor - von unten nach oben - von den freien Menschen, Kommunen, Landkreisen, Regionen, Völkern, Großräumen und Kulturkreisen in ihrer Mehrheit abgesegnet worden wäre!

IX.19. Naturschutzgebiete und Familienlandsitze

(1) Es gibt keine Landknappheit auf Erden. Alles ist immer nur eine Frage entsprechender Verteilung und Umverteilung.

(2) Naturschutzgebiete sind global in ausreichendem Maße auszuweisen und zu gewährleisten.

(3) Naturschutzgebiete dürfen durch Menschen nur dann betreten und genutzt werden, wenn diese sich an die entsprechenden Regeln halten.

(4) Zu den globalen Naturschutzgebieten gehören insbesondere die drei Ozeane, Arktis und Antarktis sowie der zur Erde gehörende Mond. Sie sind unter internationalen Schutz zu stellen.

(5) Jede Familie weltweit hat Anspruch auf einen Familienlandsitz. Notfalls sind Wartelisten einzuführen.

(6) Ein Familienlandsitz besteht aus mindestens einem Hektar Land zur freien Bewirtschaftung/ Verfügung.

(7) In bevölkerungsarmen, kargen Gegenden kann dieser Familienlandsitz auch noch größer ausfallen. In jedem Fall muss er so beschaffen sein, dass er eine Familie mit mindestens drei Generationen oder sieben Mitgliedern ernähren kann.

Kommentar des Verfassungskollektivs: Beispielsweise zwei Großeltern, zwei Eltern und drei Kinder.

(8) Liegt ein Landsitz für unabsehbare Zeit brach, sollte er freiwillig an die entsprechenden autonomen Gebietskörperschaften zurückgegeben werden.

(9) Einzelne arbeitsfähige Erwachsene ohne Familie haben leihweisen Anspruch auf einen viertel Hektar zur Nutzung ("Junggesellenacker"), sofern sie diesen auch bewirtschaften.

(10) Ein Familienlandsitz wird an die Nachkommen der Familie vererbt und fällt ansonsten an die entsprechende Region zurück, um neu vergeben zu werden.

(11) Sind ältere Personen ohne Nachkommen nicht mehr in der Lage, ihren eigenen Landsitz zu bewirtschaften, sollten soziale Lösungen gefunden werden, wie beispielsweise deren Aufnahme auf anderen bereits bestehenden Familienlandsitzen ihrer Sippe oder Gemeinschaft.

(12) Entstehen neue Familien, so treten diese eine direkte Erbschaft an oder bekommen von den autonomen Gebietskörperschafen ihren eigenen Familienlandsitz zugesprochen.

(13) Es gilt der Grundsatz, dass Land immer dem gehören sollte, der es auch tatsächlich bewirtschaftet.

IX.20. Familienlandsitze, Familienlandsitzsiedlungen und Volkskommunen

(1) Bei der Einrichtung von Familienlandsitzen, Familienlandsitzsiedlungen und Volkskommunen gelten u.a. folgende vier Grundprinzipien:

1. die Beachtung der Legalität!
2. die Schaffung von Bedingungen zu ihrer Verwirklichung für alle Menschen!
3. die Kostenlosigkeit, Bedingungslosigkeit, Fristlosigkeit und Vererbbarkeit des Besitzes und der Nutzung des Grundstücks!
4. die Befreiung der Besitzer von Familienlandsitzen von der Steuer für auf den Landsitzen erzeugte Produkte!

(2) Immer etwa neun oder zehn Landsitze/Familien sollten sich um einen gemeinsamen Anger konzipieren und so entsprechend eine eigene Nachbarschaft bilden. Ein Anger ist ein gemeinsam zu nutzender Grasplatz.

(3) Neun bis zehn diese Nachbarschaften schließen sich wiederum zu einer Familienlandsitzsiedlung mit einem großen Dorfplatz und Versammlungshaus in der Mitte zusammen. Dies wären dann in etwa 81 bis 100 Familien mit Landsitz, die eine entsprechende Familienlandsitzsiedlung bilden. Diese wiederrum entsprach früher einem Dorf oder einem Clan.

(4) Wiederum etwa drei oder vier dieser Familienlandsitzsiedlungen schließen sich zu einer kompletten Volkskommune zusammen. Das wären dann etwa 243 oder 300 oder sogar 324 bis 400 Familien pro Volkskommune. Sie hätte die Größe eines kompletten kleineren Stammes. Neue vitale Stämme können so weltweit entstehen.

(5) Beträgt die Anzahl der Familienlandsitze in einer Volkskommune über 400, sollte zur besseren Handhabe und Verwaltung eine Teilung erfolgen.

(6) Öffentliche Gebäude wie Versammlungshallen, Seminarräume, Feuerstätten, Backhäuser, Ritualplätze, Sportplätze, Werkstätten wie Schmieden et cetera, Zeughäuser, Stallungen und so weiter können je nach Bedarf ausgewiesen und gemeinsam errichtet werden.

(7) Zwischen den Grundstücken sind Wege von mindestens 3 bis 4 Metern Breite anzulegen. Um die einzelnen Grundstücke herum sollten lebende Zäune geschaffen werden.

(8) Neben der Bepflanzung ist es erlaubt Wohnhäuser, Schuppen oder andere Bauten unter der Wahrung der Prinzipien guter Nachbarschaft zu errichten.

(9) Tausch von Familienlandsitzen ist möglich.

(10) Die notwendigen Ländereien sind durch die jeweiligen regionalen Gebietskörperschaften durch Umverteilung und/oder Enteignung von Großgrundbesitzern der Kabale bereitzustellen.

(11) Entsprechendes Land wird von den staatsähnlichen Regionen verwaltet, in welchen es anliegt.

(12) Es gilt der Grundsatz, dass niemand mehr besitzen sollte, als er tatsächlich selbst oder mit Freunden/Familie zu bewirtschaften in der Lage ist!

(13) Fazit: Solange die Familien die ihnen zustehenden Familienlandsitze zum eigenen Lebenserwerb nutzen, wird er diesen unentgeltlich und unbefristet überlassen. Ansonsten fällt er an die jeweils autonome Gebietskörperschaft zurück.

(14) Alles Weitere regeln die regionalen Gesetze in Berücksichtigung der jeweiligen Naturräume.

IX.21. Globale Amnestie

(1) Alle Kriminellen, Terroristen, Piraten und sonstigen Ganoven bekommen alle hundert Jahre - beginnend mit der weltweiten Akzeptanz des <<Masterplans>> - die Möglichkeit zur globalen Amnestie anberaumt, wenn sie sich von nun an ehrlich auf einem Familienlandsitz analog IX.19. und IX.20. DV ihren eigenen Unterhalt erwerben wollen.

(2) Dies ist es, was sie brauchen, um fortan friedlich in Gemeinschaft leben zu können.

(3) Die Amnestie kann mit bestimmten Auflagen verbunden werden.

(4) Die Todesstrafe ist und bleibt für alle Menschen abgeschafft!

(5) Als weltweit einzige Ausnahme zur Abschaffung der Todesstrafe kann eine kriegsgerichtliche Entscheidung für Mitglieder der Kabale angesehen werden, wenn diese nach ihrer Verurteilung vor dem Internationalen Gerichtshof, ein zweites Mal versuchen sollten, gegen die gesamte Menschheit zu intrigieren.

IX.22. Ausweise

(1) Ausweise dienen dem freiwilligen Ausweisen und sind jeweils gemäß eines Umzugs oder sonstigen Wechsels zu aktualisieren.

(2) Ist eine straffällige Person weder bekannt, noch kann sie sich auf Verlangen der hierfür autorisierten Personen ausweisen, ist sie bis zur Klärung ihrer Identität in Gewahrsam zu nehmen.

(3) Sippe, Clan, Rasse, Religion und Sprachkenntnisse werden auf dem Ausweis ebenso wenig vermerkt wie Bildungsstand, berufliche Qualitäten, ausgeübter Beruf, Körpergröße, Brustumfang, Gewicht oder sonstige Körpermerkmale, Augenfarbe oder geschlechtliche Präferenzen. All diese Dinge sind nichts, womit man sich ausweisen müsste.

(4) Es werden für den Ausweis keinerlei Fingerabdrücke genommen oder biometrische Daten vermessen. Derlei ist mit der Menschenwürde eines freien Menschen nicht vereinbar!

(5) Name, Geburtsdatum, Geburtsort, Wohnort und Volkszugehörigkeit sind zur jeweiligen Identifikation ausreichend.

(6) Ist das Geschlecht weder männlich, noch weiblich, wird das entsprechende Feld einfach offen gelassen, ebenso wie der Initiationsname, falls kein solcher vorliegt.

IX.23. Basisdemokratisches Entscheidungsverfahren

(1) Das untergegangene Herrschaftssystem der Kabale war weder willens noch in der Lage die nationalen, kontinentalen und globalen Angelegenheiten im Sinne eines nachhaltigen Weltfriedens und dem Wohlergehen aller Wesen auf diesem Planeten zufriedenstellend zu lösen. Daher bestimmt das Volk nun in basisdemokratischer Weise über seine eigenen Belange.

(2) Nach einer ersten grundsätzlichen Einteilung kann in allen kleineren Gebietskörperschaften über Erhalt und Verbleib in der nächstgrößeren abgestimmt werden. Die grundsätzliche Gliederung in Territorien, Staaten, Regionen, Provinzen, Städte, Kommunen und Familien darf nicht angetastet werden.

(3) Bei aller im <<Masterplan>> vorgenommenen Gliederung sind dies doch immer nur Vorschläge. Letztlich entscheiden die Völker, Stämme und Clans selbst über ihr Schicksal.

(4) Eurasien befindet sich im permanenten Wandel.

(5) Minderheiten auf dem eigenen Staatsterritorium haben immer die Möglichkeit zur weitestgehenden Autonomie, wobei aber immer nur räumlich zusammenhängende Gebiete geschaffen werden sollten.

(6) Grundsätzlich hat jedes bestehende Volk einen Anspruch auf ein eigenes autonomes Gebiet.

(7) Nach dem Willen der eurasischen Völker geschieht der gesamte basisdemokratische Umbruch friedlich und effizient.

(8) Die heutigen Herrschaftsmechanismen der Staaten bzw. staatlichen Verwaltungseinheiten treten dabei weitestgehend in den Hintergrund und werden schrittweise durch basisdemokratische Räte und Konsensentscheidungen ersetzt.

(9) Das Prinzip der „Schlichtung anstelle von Richtung" wird eingehalten.

(10) Das Prinzip von Konsens anstelle von parlamentarischem Mehrheitsentscheid wird eingeführt.

(11) Volksentscheiden für schnelle einstweilige Verfügungen in den betroffenen Gebietskörperschaften werden durchgängig eingeführt.

(12) Die Polizei wird als basisdemokratisches Volkselement reorganisiert.

(13) Der Justizapparat wird auf eine den Richtlinien dieses <<Masterplans>> entsprechende neue Art von Urteilsfindung eingestimmt.

(14) Flächendeckende nationale Schulungen in gewaltfreier, wertschätzender Kommunikation und Haltung finden statt.

(15) Ebenso gibt es nationale Schulungen in Gemeinschaftsbildung, Konsensbildung und basisdemokratischer Demokratie.

Kommentar des Verfassungskollektivs: Politik und auch Rechtsprechung finden immer nur im Kreis, auf Augenhöhe mit anderen Menschen, statt. Sie haben diesen zu dienen und deren Bedürfnissen zu genügen. Nicht umgekehrt.

(16) Jegliche Weiterbildung und Schulung hat auf freiwilliger Basis zu erfolgen.

IX.24. Gedanken zum europäischen Territorium

(1) Die Kleinstaatlichkeit in Europa war immer mit Problemen verbunden, was bereits zu mehreren Kriegen führte, welche allesamt durch die Agenda der Kabale und ihre Geheimdienste eingefädelten wurden.

(2) Daher erscheint ein staatliche Zusammenschluss einzelner Länder hin zu mehrstaatlichen Großräumen mit einer entsprechenden Anzahl autonomer Regionen als sinnvoll.

(3) Im Idealfall entstünden so unter Berücksichtigung aller linguistischer, kultureller und geographischer Fakten neun europäische Großräume:

(I.) Portugal-Spanien-Andorra; genannt Iberien

(II.) Frankreich-Wallonien-Monaco; genannt Neu-Frankreich

(III.) Großbritannien-Irland-Holland-Flandern-Luxemburg; genannt Britannien-Benelux

(IV.) Island-Dänemark-Norwegen-Schweden-Finnland; genannt Skandinavien

(V.) Deutschland-Österreich-Deutschschweiz; genannt Germanien

(VI.) Polen-Tschechien-Slowakei-Ungarn-Rumänien-Moldawien; genannt Osteuropa

(VII.) Estland-Lettland-Litauen; genannt Baltikum

(VIII.) Italien-San Marino-Vatikan-Malta; genannt Neu-Italien

(IX.) Slowenien-Kroatien-Bosnien-Herzegowina-Serbien-Makedonien-Kosovo-Albanien-Bulgarien-Griechenland-Zypern; genannt Balkan-Zypern

(4) Alle diese Großräume sind bereits jetzt gut miteinander vernetzt und von kultureller Ähnlichkeit oder zumindest doch Vergleichbarkeit. Eventuell würde später noch ein weiterer Zusammenschluss der Regionen Osteuropa und Baltikum zu Osteuropa-Baltikum erfolgen.

(5) Alle europäischen Regionen sind historisch und autonom. Es kann nur in streng zu regelnden Ausnahmefällen zu weiteren Aufspaltungen oder Neugründungen kommen.

(6) Abschlussbemerkungen zum Territorium Europa

1. Das Territorium Europa konzipiert sich idealerweise aus neun Großräumen mit ihren entsprechenden in jeder Hinsicht autonomen Regionen.

2. Inwieweit diese Regionen von ihre staatsgleichen Rechten Gebrauch machen oder sich lieber mit benachbarten Regionen oder den übergeordneten Verwaltungseinheiten gemeinschaftlich abstimmen, bleibt ganz alleine ihnen selbst überlassen. Hierin besteht keinerlei Pflicht oder Zwang.

Kommentar des Verfassungskollektiv: Eigenständige Staaten wie beispielsweise Norwegen verlieren nichts an Souveränität, wenn sie zusätzlich von der Möglichkeit Gebrauch machen, sich mit anderen skandinavischen Regionen abzustimmen und so zu gemeinsamen, großräumlichen Entscheidungen gelangen.

3. Aufgewertet wird ganz generell die Rolle aller (autonomen) Regionen als einem der wichtigsten Entscheidungsträger auch im nationalen oder großräumlichen Kontext. Im Falle von Deutschland entsprechen diese (mit kleinen Veränderungen) den heutigen Bundesländern, welche die früheren deutschen Stämme oder Völker repräsentierten.

4. Es sollte jedem Menschen und jeder Familie möglich sein, sich frei und sicher im gesamten eurasischen Raum zu bewegen, zu arbeiten und zu wohnen.

5. Es steht jeder Stadt frei, den Landkreis (= Provinz) zu wechseln, wenn hierdurch keine Inseln oder Enklaven entstehen und die aufnehmende Provinz damit auch einverstanden ist

6. Es steht jeder Provinz frei, sich einer anderen Region anzuschließen, wenn hierdurch keine Inseln oder Enklaven entstehen und die aufnehmende Region damit auch einverstanden ist.

7. Es steht jeder Region frei, den Staat oder wie hier die staatsähnliche Verwaltungseinheit (Großraum) zu wechseln, wenn hierdurch keine Inseln oder Enklaven entstehen und der aufnehmende Staat oder Großraum damit auch einverstanden ist.

8. Nach diesem Prinzip sei die ganze Welt zur ordnen!

9. Der territoriale Wechsel eines Staates sollte hingegen eingehend durch das Volk geprüft und nur in Ausnahmefällen bewilligt werden.

10. Der Wechsel eines kompletten Kulturkreiseses ist nahezu ausgeschlossen.

11. Verbleibende territoriale Enklaven sind schrittweise in gemeinsamer Abstimmung aufzulösen.

IX.25. Gedanken zum russischen Territorium

(1) Das russische Territorium besteht aus einem Zusammenschluss der Staaten Russland, Weißrussland, Ukraine, Georgien und Armenien, welches sich, dem europäischen Beispiel folgend, in weitere Großräume strukturiert.

(2) Eine letztendliche Einteilung aller russischen Republiken (= Staaten), Regionen, Oblaste und sonstigen Gebietseinheiten ist eine Kunst für sich und kann hier nicht abschließend geklärt werden! Letztlich obliegt sie den dort ansässigen Völkern.

(3) Abschlussbemerkungen zum russischen Territorium

1. Das russische Territorium besteht idealerweise aus 10 Großräumen und einer entsprechenden Anzahl eigenständiger Staaten, wie sie an anderer Stelle aufgezählt wurden, letztlich jedoch von den russischen Völkern selbst zu bestimmen sind.

2. Allen Völkern im russischen Territorium, wie z.B. den Nenzen, Chanten und Mansen, Dolganen, Ewenken, Tschukschen oder Korjaken et cetera, muss weiterhin ihre Selbstständigkeit als Völker auf regionaler und provinzialer Ebene eingeräumt werden.

3. Die im russischen Territorium aufgezählten Turkvölker wie die Baschkiren (Wolga), Chakassen (Sibirien) oder Jakuten (Fernostrussland) bleiben alle ohne Anschluss ans turksprachige Territorium, da hier keine neuen Enklaven geschaffen werden sollen.

IX.26. Eurasische Verfassung

Da die eurasischen Völker nicht auf eine einheitliche Beschlussfassung der UNO zur Durchführung des <<Masterplans>> warten möchten, nehmen sie ihr Schicksal bereits jetzt in eigene Hände und beschließen einstweilig Folgendes:

1. Fünf Grundsätze

Zur Gestaltung des eurasischen Bündnis verständigen sich alle Beteiligten auf folgende fünf vedische Grundsätze:

a) Selbstverantwortung und Freiheit

b) Bewusstem Handeln und Spiritualität ohne Dogmen

c) Ökologie und Solidarität mit allem Lebenden

d) Weitestgehende staatliche Dezentralisierung und Autonomie der Regionen

e) Gleichberechtigung aller Menschen im Rahmen einer natürlichen Dominanz

2. Jedem Volk sein Staat

Jedes Volk hat das Anrecht auf einen eigenen Staat oder doch zumindest auf eine autonome Region.

Im Einzelnen:

a) Auf eurasischer Ebene sind es insbesondere die Kurden, welchen ein ans persische Territorium angebundener Staat zusteht.

b) Gleiches gilt für die einzelnen nordasiatisch-sibirischen Völkerschaften wie beispielsweise die Komi oder Nenzen et cetera.

c) Die Sinti und Roma, im Volksmund u.a. auch *Zigeuner, Cingene, Gitano, Gitan* oder *Gypsy* genannt, sind als vollwertiges, eigenständiges eurasisches Volk anzuerkennen.

Da sie das einzige eurasische Volk ohne Land sind, sieht die eurasische Verfassung folgende drei Optionen vor:

- Gleichberechtigte Einbürgerung nach dem Wohnortprinzip
- Duldung und Leben nach dem Nomadenparagraph
- Freiwilliger Ausreise oder Abschiebung in den Sindh im Falle begangener Straftaten

Kommentar des Verfassungskollektivs: Für die Sinti und Roma ist irgendwo auf der Welt ein Gebiet ihrer ursprünglichen Herkunft auszuweisen. Wir denken dabei an den Sindh in Pakistan, welchen wir für ihr natürliches Herkunftsgebiet halten. Ein entsprechendes Abkommen gäbe es auszuhandeln. Nach einem Zensus von 2017 gibt es im Sindh etwa 48 Mio. Menschen. Die Anzahl der Sinti und Roma in Europa kann nur mit etwa 10 bis 12 Mio. geschätzt werden. Die meisten von ihnen wohnen in Rumänien, gefolgt von Bulgarien, Spanien, Ungarn und der Slowakei. Auf dem Gebiet der BRD leben etwa 120.000.

3. Gliederung der Gebietskörperschaften

Die Gliederung der einzelnen Gebietskörperschaften werden zunächst wie im <<Masterplan>> vorgesehen, übernommen und können sodann in Volksabstimmungen weiter adjustiert werden.

4. Zusammenarbeit

Die politische, wirtschaftliche und kulturelle Zusammengehörigkeit und Zusammenarbeit aller eurasischen Völker und Staaten wird betont.

5. Eurasische Meisterschaft

Die Welt des <<Masterplans>> ist eine Welt des Friedens, aber keine, die den agonalen Charakter von Mensch und Kultur leugnen würde. Eine natürliche Konkurrenz der Menschen, Stämme, Völker und Nationen bleibt bestehen. Das Austragen internationaler Sportturniere ist ein Ausdruck dessen und wird von allen Beteiligten unterstützt und gefördert.

IX.27. Positiver Ausblick ins neue goldene Zeitalter

(1) Finanzwesen und Steuern

1. Die Einkommenssteuer wurde weltweit abgeschafft. Die Anhebung der Vermögenssteuer und Erbschaftssteuer für extrem Wohlhabende glichen den Steuerausfall bei Weitem aus. Hinzu kam eine internationale Spekulations- oder Transaktionssteuer.

2. Diese Maßnahmen führten zu einer gerechteren Umverteilung von oben nach unten und somit zu gleichwertigeren Lebensverhältnissen. Die Kriminalität im Bereich der Eigentumsdelikte kam praktisch zum Erliegen.

3. Früher wurden Reiche aus Angst und Gier und mithilfe ihrer Ressourcen immer reicher und Arme dadurch immer ärmer, unzufriedener und gefährlicher. Durch eine internationale Abkehr vom Zinssystem setzte eine positive Umkehrspirale ein.

4. Alternative projektgebundene Finanzierungsprojekte wie Spendengalas und andere kreative Events wurden verstärkt zur Verwirklichung sinnvoller Vorhaben genutzt. Es stellte sich heraus, dass Menschen, wenn sie von der Sinnhaftigkeit eines Projektes überzeugt waren, gerne spendeten, zumal sie durch den Wegfall der Einkommens- sowie vieler weiterer ungerechtfertigter Steuern und Gebühren hierzu nun finanziell wieder in der Lage waren.

5. Jegliche Form von Spende wird öffentlich gemacht und ein entsprechender Dank ausgesprochen. Dies dient zum einen der gesellschaftlichen Transparenz und zum anderen der Wertschätzung des Spenders.

6. Das international erklärte Ziel ist und bleibt, eines Tages komplett auf jegliche Zwangsbesteuerung verzichten zu können und die Menschen so gänzlich in ihrer Eigenverantwortung und Freiheit zu entlassen.

7. Bereits jetzt wurde das bedingungslose nationale Grundeinkommen weltweit eingeführt. Im Gegenzug wurden sämtliche Subventionen gestrichen und so sowohl die Wirtschaft als auch das Verwaltungswesen dereguliert und entschlankt.

(2) Landesverteidigung

1. Seit dem weltweiten Verbot aller Geheimdienste und entsprechender geheimdienstlicher Tätigkeiten kam es zu keinerlei weiteren Kriegen oder größeren kriegerischen Auseinandersetzungen mehr. Die Militärs wurden durch dezentralisierte „spirituelle Kriegerbünde" ersetzt.

2. Kriegsgerät wird noch immer verschrottet. Kasernen wurden frei und konnten auf verschiedenste Weise kommunal umgewidmet und einer zivilen Nutzung zugeführt werden.

3. Mit Genehmigung und Förderung von Familienlandsitzen, Familienlandsitzsiedlungen und Volkskommunen wurde nicht nur die globale Kriminalität reduziert, sondern es sank auch die generelle Bereitschaft zur Kriegsführung, da man vor Ort in Hülle und Fülle lebt. Immer mehr Menschen verstehen sich als Pazifisten.

4. Terrorismus ist mittlerweile gänzlich ein Phänomen der Vergangenheit.

5. Mit der Ratifikation der Friedensverträge, welche seit der Beendigung des zweiten Weltkrieges ausstanden, und der Erreichung eines generellen internationalen Friedens, konnten alle militärischen Investitionen zurückgeschraubt werden. Die nunmehr frei werdende Gelder in Milliardenhöhe ließen sich allesamt für lebensfördernde Zwecke verwenden.

6. Die ehemaligen Soldaten können nun - je nach Fasson - ihre Familienlandsitze bestellen oder auch in den Ballungszentren gut dotierte Jobs annehmen und so glücklich werden. Die Pflicht zum Militärdienst wurde international geächtet. Einige Freiwilligenverbände gibt es indessen noch immer.

7. Die UNO wurde in einem auf Frieden beruhenden Völkerbund umgestaltet.

(3) Innere Sicherheit

1. Mit zunehmender Befriedung der Welt durch entsprechende Landreformen, die Gründung von Familienlandsitzsiedlungen sowie einer gerechteren, solidarischen Umverteilung konnten die Ausgaben für die innere Sicherheit schrittweise gesenkt werden.

2. Immer mehr von den ursprünglichen Polizeiaufgaben werden mittlerweile von den Bürgern selbst zum Wohle der Allgemeinheit übernommen und ausgeübt.

3. Es ist mittlerweile fast allen Menschen wieder möglich, sich nahezu auf der gesamten Weltoberfläche sicher und frei zu bewegen.

4. Sowohl Bandenkriege als auch Rassenunruhen gehören in den allermeisten Ländern der Welt mittlerweile der Vergangenheit an.

(4) Justiz

1. Die Justiz wurde schrittweise zu einem System des Ausgleichs und der Schlichtung anstelle von Sanktion und Bestrafung umgestaltet.

2. Das Bewusstsein für „gut" und „böse" hat stark zugenommen und die Anzahl der Straftaten sank auf ein historisches Tief.

(5) Bildung

1. Die Schulpflicht wurde global abgeschafft und durch einen allgemeinen Bildungsauftrag ersetzt, dem man auch im Elternhaus gerecht werden kann. Entsprechende Schulungen werden angeboten.

2. Insgesamt setzte sich das Verständnis durch, dass ein Kind weder alleine von den Eltern noch von der Schule zu erziehen ist, sondern die gesamte Kommune hierbei mithilft. Es wird Jugendlichen daher angeboten, erwerbstätige Erwachsene solange in ihrem Arbeitsalltag zu begleiten und in der Praxis alles zu lernen, was in den verschiedenen Berufen zum eigenen Gelderwerb notwendig ist.

3. Der größte Lehrer ist und bleibt das Leben selbst.

(6) Wirtschaftssystem

1. Etwa 80% aller Menschen leben auf ihren eigenen Familienlandsitze und produzieren so einen Überschuss für sich und andere.

2. Dies betrifft neben gesunden Lebensmittel insbesondere auch das Handwerk und die Kunst. Beides geht zumeist Hand in Hand.

3. In den Ballungszentren und Städten stehen weiterhin jede Menge gut dotierte Jobs zur Verfügung. Es wird sogar angeraten, hier eine Welte gearbeitet zu haben und Erfahrungen zu sammeln, bevor man sich auf seinen Familienlandsitz zurückzieht.

4. Zunehmender Tauschhandel führte zur Zufriedenheit aller.

5. Die meisten Menschen kaufen nur noch Produkte, hinter denen sie auch wirklich stehen.

6. Werbung für zum Leben unnötige Produkte, die lediglich der Gewinnmaximierung einiger weniger dienen, nahm immer weiter ab und ist kaum noch anzutreffen.

7. Das Recht auf die Verwendung von Bargeld wurde international geschützt. Dennoch nahm und nimmt die menschliche Hilfsbereitschaft in einem Maße immer weiter zu, so dass manche schon vom bevorstehenden Ende des globalen Finanzsystems sprechen.

8. Gesamtwirtschaftlich wurde verstärkt auf Abfallvermeidung und Recycling gesetzt. Die mittlerweile angewandten Herstellungsmethoden ermöglichen, dass das gesamte Produkt nicht nur langlebig ist, sondern zudem auch wieder vollständig in seine einzelnen Bestandteile zerlegt und so komplett recycelt werden kann.

9. Sollbruchstellen und einkalkulierter Verschleiß wurden verboten. Es wird nun insgesamt mehr auf *Qualität* gesetzt. Die hegestellten Produkte haben allesamt jenen ethischen, ökologischen und sozialen Standards zu genügen, auf die sich die Weltgemeinschaft verständigt hat.

10. Globale Armut und Hunger gehören der Vergangenheit an. Die Menschen verfügen weltweit über alles Lebensnotwendige wie sauberes Trinkwasser, sauberer Luft, natürliche Lebensmittel, Kleidung, Energie et cetera.

11. Das allgemeine Glücksempfinden stieg stetig in allen Ländern an und scheint sich nunmehr auf einem hohen Niveau einzupendeln.

(7) Energieversorgung

1. Die weltweite Energieversorgung wurde dezentral und nachhaltig umgestaltet.

2. Atomkraftwerke und Fracking wurden international geächtet.

3. Der Abbau von Kohle befindet sich in seinem letzten Stadium. Entsprechende ehemalige Abbauflächen wurden und werden renaturiert.

4. Von Energieknappheit ist keine Rede mehr. Es gibt keinen entsprechenden Mangel an frei verfügbaren, regenerierbaren Energiequellen und gab ihn nie. Entsprechende Patente wurden endlich frei gegeben und genutzt.

(8) Lebensmittelerzeugung/Landwirtschaft

1. Bei der Lebensmittelerzeugung wurde von der konventionellen Landwirtschaft praktisch vollständig auf biologischen Anbau und Permakultur umgestellt. Dadurch wurde das Angebot reichhaltiger, die Gefahr von Missernten ging zurück. Die Volksgesundheit stieg an. Der für die Landwirtschaft benötigte Energiebedarf ging drastisch zurück.

2. Es werden so gut wie keine Schadstoffe und Pestizide mehr ausgefahren. Die Böden regenerieren weltweit.

3. Darüber hinaus wurden - selbst in den Wüsten unserer Erde - neue Anbauflächen geschaffen, was sich zudem positiv auf das Weltklima auswirkte.

4. Weltweit wird mehr regional uns saisonal angebaut und gegessen.

(9) Gesundheit und Ernährung

1. Ein grundlegendes Verständnis für unser Immunsystem, über gesunde Ernährung und natürliche Lebensweisen, ist wieder im allgemeinen menschlichen Bewusstsein angelangt und verankert.

2. Die allgemeine Volksgesundheit verbesserte sich zunehmend.

3. Mit Umstellung auf Permakultur und alternative Landwirtschaft wurde zudem auch Seuchen und Pandemien jegliche Grundlage entzogen. Bis auf Weiteres gehören sie der Vergangenheit an.

4. Die meisten Menschen ernähren sich mittlerweile vegetarisch.

(10) Klima

1. So als würde das Klima in direktem Zusammenhang mit der menschlichen Psyche stehen, pendelte sich dieses in den letzten Jahrzehnten von ganz alleine auf fruchtbare Wachstumsperioden ein.

2. Desertifikation ist weiterhin weltweit rückläufig.

3. Insbesondere die Regenwälder werden jetzt besser geschützt und wieder aufgeforstet.

4. Die gesamte Sahara wird mittlerweile von Waldpflanzungen und Wäldern umgeben.

5. Insgesamt reagierte die Natur positiv auf den allgemeinen Wandel und fand zu einem neuen Gleichgewicht zurück.

6. Selbst Umweltkatastrophen wie Erdbeben, Wirbelstürme, Dürren, Brände, Überflutungen oder andere extreme Wetterlagentreten treten immer seltener auf.

(11) Kultur

1. Die Kultur, ihre Ausübung und Entwicklung, wurde von staatlicher Seite wieder vermehrt in die Hände der Bürger, Familien, Sippen, Clans und Stämme zurück gegeben. So wurde ein massiv kreatives Potential freigelegt.

2. Insbesondere durch die Einführung des bedingungslosen Grundeinkommens wurden alle Menschen frei gestellt, sich künstlerisch zu betätigen.

3. Neue regionale Kunst- und Ausdrucksformen erblühen.

(12) Arbeit und Soziales

1. Insgesamt nahm der Aufwand für Verwaltung und Bürokratie immer weiter ab. Die vielen frei werdenden, zusätzlichen Arbeitskräfte (aus überflüssig werdender Beschäftigung beispielsweise in Verwaltung, Justiz, Polizei, Militär etc.) führten bereits jetzt zu einer Halbierung der allgemeinen Arbeitszeit.

2. Soziales wird mittlerweile wieder ausschließlich von den Kommunen und Provinzen - mit Augenmaß für die jeweiligen Menschen - selbst geregelt.

3. Weltweit war eine Zunahme der allgemeinen Solidarität im dezentralen Maßstab bemerkbar, der es ermöglicht, für alle bedürftigen Menschen adäquate Reglungen zu finden.

4. Durch die Einführung von basisdemokratischen Elementen der Entscheidungsfindung und Kreiskultur sprechen die Menschen wieder mehr miteinander.

5. Die frühere politische Lagerbildung und soziale Spaltung von Völkern konnte hierdurch rückgängig gemacht werden. Jeder wird angehört, die besseren Argumente setzen sich durch. Die systematische Stigmatisierung von anderen, nur weil sie eine andere Meinung haben, hat aufgehört.

(13) Sport

1. Der agonale Charakter des menschlichen Wesens bleibt bei aller kommunalen, provinzialen, regionalen, nationalen, internationalen, territorialen und globalen Kooperation dennoch erhalten und darf dies auch.

2. Er wird weiterhin durch territoriale Wettkämpfe auf allen Ebenen in allen nur erdenklichen Sportarten kanalisiert und gefördert. Im Gegensatz zu früheren Zeiten finden heutzutage jeweils gemeinsame Feiern nach den Spielen statt.

3. Die nach wie vor vierjährig stattfindende Olympiade wurde ständig nach Olympia verlegt, um Ressourcen zu schonen und da sie historisch dorthin gehört. Zugleich wurden so ganz nebenbei Griechenlands Geldsorgen gelöst.

4. Die Fußballweltmeisterschaft kehrte dauerhaft nach England zurück.

5. Mit dem Verschandeln und Versiegeln unbebauter Natur mit sportlichen Einrichtungen, die danach doch wieder leer stehen und verfallen, wurde auf internationaler Ebene aufgehört.

Nachwort des Verfassungskollektivs

(1) Hier endet die <<Deutsche Verfassung>> und beginnt nunmehr - hoffentlich - ein Zeitalter nationaler Besinnung, globalen Friedens und gesamtmenschlichen Gedeihens in Einklang mit der uns umgebenden Natur!

(2) Man mag es bedauern oder nicht, aber sich in Deutschland auf Biodeutschtum zu beschränken ist heutigen Tags keine Option mehr. Mehr denn je bedarf es aller hier lebenden und integrierten Menschen, um das neue goldene Zeitalter in Deutschland und der Welt mental, emotional und physisch herbeizuführen. Die Hauptaufgabe der jungen Republik Freies Deutschland wird es nunmehr sein, alle ehemals bundesdeutschen Menschen in neu erlebbare, regionale Stammesgefüge zu integrieren und sie zu einen!

(3) Die Verjüngung des deutschen Volks durch die erfolgte Zuwanderer mag so letzten Endes sogar einen Mehrwert für Deutschland entstehen lassen. Dies könnte zumindest dann der Fall sein, wenn man von nun an das Entstehen weiterer - insbesondere islamischer oder schwarzafrikanischer - Parallelgesellschaften durch eine konsequente Unterbindung jeglicher unkontrollierter Zuwanderung verhindert. Zugleich müsste der verbleibende ethnische oder biodeutsche Anteil unseres Landes geschützt und auch wieder vermehrt unterstützt und gefördert werden! Anderenfalls drohte die komplette Auslöschung unseres Volkes! Dies kann im Sinne einer in Familien, Völkern und Kulturen geordneten einen Menschheitsfamilie nicht gewollt sein! Das Gegenbild hierzu wäre die globalistische Dystopie der NWO, die auf die Zerstörung aller dieser natürlichen Ordnungskriterien wie Vielfalt, Verbundenheit und Heimat abzielt.

(4) Die komplette Verfassung der Deutschen mitsamt der <<Deutschen Verfassung>> und dem <<Masterplan>> bietet nicht nur eine Anleitung für das beste Deutschland, dass wir je hatten sondern zugleich für das selbstbestimmte Leben aller Menschen auf diesem Planeten. Je weiter das individuelle, kollektive und globale Bewusstsein voranschreitet, desto weniger Regeln werden notwendig sein, weil wir Menschen in uns fühlen, was gut und richtig ist und danach handeln werden! Bis dahin bietet das vorliegende Dokument immerhin eine Anleitung, wie das Leben für alle Menschen auf diesem Planeten besser werden könnte, als es je zuvor unter der Herrschaft der Kabale war!

(5) Natürlich können auch basisdemokratische Entscheidungsprozesse zu Fehlern führen, aber das Leben wird so insgesamt immer freier, solidarischer und gerechter werden! Von Generation zu Generation kann eine nachhaltige Steigerung von Lebensqualität erreicht werden, welche nicht im aggressiven Konsum, sondern in Zugehörigkeit, einem friedfertigen Miteinander, wirtschaftlicher Nachhaltigkeit und gemeinsamen vedischen Grundprinzipien liegt.

(6) Der menschlichen Entwicklung hin zum Licht und hinaus in die Weiten des Universums sind keinerlei Grenzen mehr gesetzt!

(7) Was jeder Einzelne jetzt schon tun kann:

1. Gesundheitsvorsorge

- Corona-Masken auf Verlangen immer nur kurz aufsetzen und sodann gleich wieder
  runter nehmen
- sich weder freiwillig testen noch impfen lassen
- das eigene Immunsystem durch Erde, Wasser, Luft und Sonne unterstützen

2. Lebensmittelvorsorge

- den eigenen Garten vermehrt permakulturell bestellen
- sich für die kommende Transformationszeit mit allem Lebenswichtigen eindecken

3. Wahrheitsfindung

- den Konsum von Mainstreammedien in Fernsehen, Radio und Druckerzeugnissen
  auf ein Minimum beschränken
- Worte wieder ihrer ursprünglichen Bedeutung nach verwenden
- das Denken in politisch „rechts" und „links" ersetzen durch:
  „Wir sind das Volk! Wir sind die Mehrheit! Wir sind die Menschheit!"

4. Dem alten System den Saft abdrehen

- die Zahlungen an die Firma BEITRAGSSERVICE einstellen
- Wahlangebote der BRiD für politische Parteien konsequent ausschlagen
- bei Anweisungen und Auflagen von Behörden immer kritisch die Rechtsgrundlage
  hinterfragen

5. Neue Lebensqualität

- vermehrt auf qualitativ hochwertige Produkte setzen
- vermehrt die kleinen heimischen Betriebe unterstützen
- falls möglich: Land für Familienlandsitze erwerben

6. Neues Demokratieverständnis

- Konsensfindung im Kreis privat und beruflich praktizieren
- sich in nicht von der BRiD favorisierten Bürgerinitiativen engagieren

7. Verfassungsarbeit

- sich mit der <<Deutschen Verfassung>> beschäftigen
- dazu beitragen, die Verfassung der Deutschen mit all ihren Teilen im Volk bekannt
  zu machen
- bereits jetzt autarke, autonome Gemeinschaften im Sinne von II.3. (6) ff. DV
  gründen
- sich bereits jetzt so verhalten, als sei die <<Deutsche Verfassung>> schon in Kraft

(8) In der vorangehenden Verfassung wurden u.a. folgende Begrifflichkeiten verwendet, die hier noch einmal in alphabethischer Reihenfolge nachträglich definiert und analysiert werden:

autonom = nach innen hin frei; außen- und sicherheitspolitisch aber durch den übergeordneten Staat vertreten; siehe auch: „souverän"

Babylon = das untergegangene Zeitalter der Kabale und ihrer NWO genannten Agenda; siehe auch: „neue Zeit"

BRiD = BUNDESREPUBLIK in Deutschland (früher fälschlicherweise: BRD)

Bundes- = die Gesamtheit föderativer Strukturen in der Republik Freies Deutschland

bunte Goden = die vom Volk gewählten für die einzelnen Landkreise zuständigen Berater der Provinzgrafen

Deutsche = Bio-Deutsche und Assimilations-Deutsche

deutsche Stämme = die bio-deutschen Bewohner der jeweiligen Bundesländer (Regionen) samt ihrer assimilierten Zuwanderer = angestammte Bewohner

deutsche Völker = hier: Deutsche, Österreicher und Deutschschweizer = angestammte Bewohner des Großraums Germanien

Germanien; hier: die internationale Bezeichnung für die mögliche staatliche oder großräumliche Einheit der deutschen Völker, zum Teil auch <<Bund deutscher Völker>> genannt

Goden = vom Volk gewählte „Weise" in beratender Funktion der hoheitlichen Vertretung von Kaiser, Stammesfürsten und Provinzgrafen

Großraum = staatsähnliche Verwaltungseinheit von wirtschaftlich, kulturell und/oder linguistisch verwandten Völkern

hoheitliche Vertretung = Kaiser für die Republik Freies Deutschland; Stammesfürsten für die Bundesländer und Provinzgrafen für die Landkreise

intergalaktische Föderation = möglicher Name für einen Zusammenschluss von friedliebenden, raumfahrenden Wesenheiten, sofern es solche geben sollte

Kabale = einige wenige Familien, die die NWO zu verwirklichen beabsichtigten

Kulturraum = eine an geographischen, wirtschaftlichen, kulturellen und nicht zuletzt auch ethnischen Faktoren orientierte Einteilung der Welt; die Menschen aller Kulturräume gemeinsam bilden ein Menschheitsfamilie

Land = zumeist die jeweiligen Bundesländer als autonome Regionen mit staatsähnlichen Befugnissen

Menschheitsfamilie = alle Menschen

Nation = alle Menschen, die die gleiche Muttersprache sprechen; hier auch als „germanischer Großraum der deutschen Völker" bezeichnet

national = oftmals nur im Sinne von „staatlich" für die Republik Freies Deutschland verwendet; im Prinzip aber die gesamte deutschsprachige Nation betreffend; siehe auch: „Germanien" und „deutsche Völker"

neue Zeit = das kommende neue oder „goldene" Zeitalter; siehe auch: „Babylon"

NWO = Neue Weltordnung mit einer gescheiterten globalen Agenda der Unterjochung und Versklavung aller Menschen

Obergode = der für den deutschen Kaiser zuständige Berater; er wird aus dem Kreis der weisen Goden heraus bestimmt.

Provinz = Landkreis

Provinzgrafen = hoheitliche Repräsentanten der Landkreise; sie werden von einem adligen Expertenrat bestimmt oder aber vom Volk gewählt; siehe auch: „Stammesfürsten"

Region = Bundesland

Staat = hier: die Republik Freies Deutschland

staatlich = den kompletten Staat betreffend

Staatsbürgerschaft = hier: regional im Sinne der deutschen Bundesländer zu regeln

Stammesfürsten = hoheitliche Repräsentanten der einzelnen Bundesländer; sie werden von einem adligen Expertenrat bestimmt oder aber vom Volk gewählt; siehe auch: „Provinzgrafen"

souverän = frei von äußerer Befehlsgewalt; siehe auch: „autonom"

Territorium = die dem Großraum übergeordnete Verwaltungseinheit wie beispielsweise Europa, welches gemeinsam mit dem russischen Territorium einen gemeinsamen „europäisch-eurasischen" Kulturraum bildet.

territorial = eigentlich das entsprechende Territorium betreffend; oftmals jedoch einfach nur im Sinn unterschiedlicher horizontaler oder vertikaler „Gebietseinheiten" benutzt.

Transitionsrat = Für alle offener Rat der Übergangs- und Transitionszeit; siehe auch: „Volksrat"

vedisch = ein Mensch oder eine Kultur, die sich immer an natürlichen Gegebenheiten orientiert und dabei klar zum Licht hin ausrichtet.

weiße Goden = die für die Stammesfürsten der einzelnen Bundesländer zuständigen Berater; sie werden vom regionalen Volk gewählt

völkisch = das Volk betreffend oder aus dem Volk kommend; dies ist das genaue Gegenteil von dem einstmals den allen Deutschen zentral verordneten „National-sozialismus". Wir müssen wieder dahin kommen zu erkennen, dass das „Volk" wie die „Familie", der „Stamm" oder die „Kultur" eine positive Größe ist.

Volk = hier zumeist alle Sprecher einer gemeinsamen Muttersprache; teilweise aber auch als Synonym für alle Menschen (die gesamte Menschheitsfamilie) zu verwenden, welche sich miteinander in Kommunikation befinden.

Volksrat = Rat der sich aus den entsandten Ratsbotschaftern der nächstunteren Räte zusammensetzt; siehe auch: „Transitionsrat"

Volkszugehörigkeit = die ursprüngliche Ethnie; im Sinne der <<Deutschen Verfassung>> jedoch zumeist alle Sprecher einer gemeinsamen Muttersprache.

(9) Wiederholte Übersicht einer natürlichen territorialen Gliederung der Welt: Häuser, Nachbarschaften, Ortschaften oder Stadtviertel, Kommunen, Landkreise (Provinzen), Regionen (Bundesländer), Staaten, Großräumen, Territorien und Kulturkreise

(10) Übersicht der generellen Beschlussfassung in der Republik Freies Deutschland:

1. Bestimmungen des Obersten Basisdemokratischen Rates auf Bundesebene
2. Volksentscheide und -wahlen auf Bundesebene
3. Kaiserliche Dekrete (= Hoheitsrecht)

4. Bestimmungen der Regionalräte
5. Volksentscheide und -wahlen auf Landesebene
6. Stammesfürstliche Erlasse (= Hoheitsrecht)

7. Bestimmungen der Provinzialräte
8. Volksentscheide und -wahlen auf der Ebene der Landkreise
9. Provinzgräfliche Erlasse (= Hoheitsrecht)

(11) Wiederholung der fundamentalsten Grundsätze politischer Einflussnahme aus III.1.:

1. Das deutsche Volk ist der Souverän über alle Deutschland betreffenden staatlichen Belange. Diese werden von ihm auf allen Entscheidungsebenen im Konsens aus der Kreisform heraus in basisdemokratischer Art und Weise entschieden und geregelt.

Kommentar des Verfassungskollektivs: Es entspricht den höchsten Überzeugungen des Verfassungskollektivs, dass freie Menschen in der Lage sind und bleiben, sich zu friedlich zu einigen, selbst zu verwalten und zu regieren !!!

2. Beim basisdemokratischen Diskurs gilt die Formel: „In größtmöglichem Konsens ohne schwerwiegende Einwände beschlossen!"

Kommentar des Verfassungskollektivs: Ansonsten wird eben vom Volk abgestimmt bzw. gewählt oder aber durch Hoheitsrecht entschieden.

3. Entscheidungen werden grundsätzlich auf der jeweils betroffenen und somit zuständigen Ebene vom jeweils entsprechenden Rat getätigt.

Kommentar des Verfassungskollektivs: Solange in Bezug auf „Betroffenheit" und „Zuständigkeit" der jeweiligen territorialen Verwaltungsebenen nichts weiter bestimmt wird, gelten im Zweifelsfall die bisherigen Zuordnungen aus dem GG. Im Prinzip ergibt sich diese jedoch immer aus der Sache selbst.

(12) Wollt ihr Freiheit, Souveränität und Menschenrecht?
Dann stellt euch hinter die Verfassung der Deutschen! Alle!

(13) WWG1WGA /I\

Danke!   Kommentierte Fassung vom 24.08.2020

<u>Kritik an der <<Deutschen Verfassung>></u>

1. Die <<Deutsche Verfassung>> ist auch ein System, vielleicht das bestmögliche, das es je gab, aber eben auch ein System!

2. Kein System (nach dem Zusammenbruch der BRiD) zu haben, erschien dem Verfassungskollektiv indessen auch keine praktikable Lösung!

3. Trotz der vielen positiven Ansätze, die die <<Deutsche Verfassung>> bietet, ist sie wie jedes System anfällig für Manipulationen!

4. Deshalb ist die <<Deutsche Verfassung>> auch nach ihrem Inkrafttreten durch authentische Menschen zu verteidigen und gegebenenfalls nachzubessern!

5. Sobald sich das menschliche Bewusstsein in eine Höhe entwickelt hat, die keinerlei System mehr benötigt, wird die <<Deutsche Verfassung>> aus sich selbst hinaus zu überwinden sein.